メンタルによる運動障害
YIPS
「イップス」
かもしれないと思ったら、まず読む本

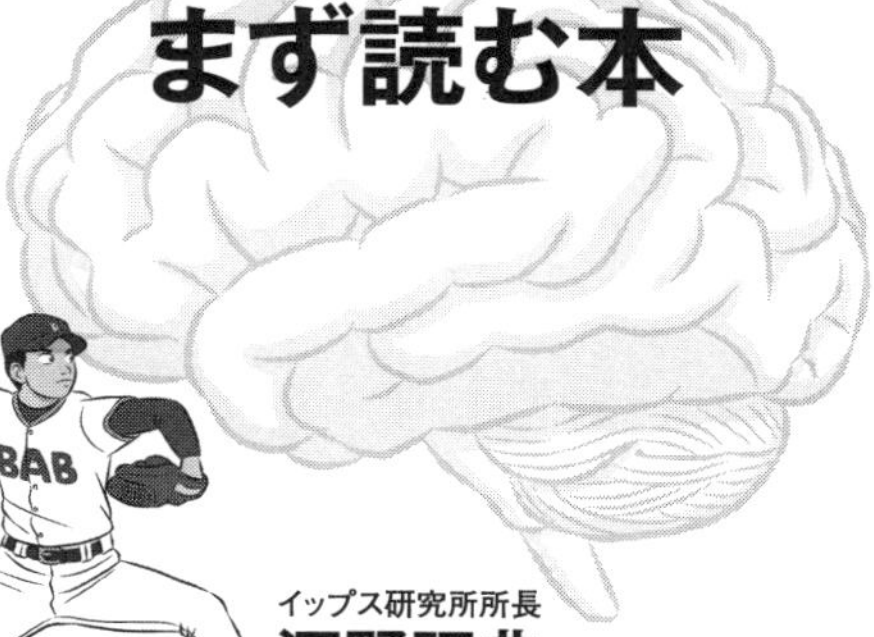

イップス研究所所長
河野昭典

BABジャパン

はじめに

読者の皆さん、こんにちは。「イップス先生」こと河野昭典です。

私は本書で、この時代にぜひ知っておいてほしいイップスについて、その克服方法も併せてご紹介しようと思います。

イップスという言葉は、まだ聞き慣れない方も多いと思います。後で詳しく書いていきますが、簡単に説明すると、「スポーツにおいて今までできていたプレー、あるいは生活習慣の中で今までできていた行動が、突然できなくなる症状」のことです。

イップスは、今の時代に生まれたもので

皆さんこんにちは、私が
「イップス先生」です！
実は、イップスは
“大化け”するチャ
ンスなのです！

はありません。昔から存在しており、これからもさらに増え続けていくと私は確信しています。

私は以前から、イップスが生じてしまう脳、心、身体のしくみを解き明かし、それを克服するための技術指導を1冊の本にまとめ、多くの人に読んでほしいと願っていました。そして、この度ご縁があり、ＢＡＢジャパンのご厚意によってこのように出版の運びとなりました。

以前は、イップスになってしまった選手は復活が期待できず、「選手生命の終わり」、中には、「不治の病」とまで言う人もいたのです。

しかし、私は長い年月にわたり、野球選手のみでも３０００例以上のイップス症状をケアしてきた経験と実績から、選手があきらめない限り乗り越えられる方法を研究し、成果を出してきました。その経緯についても、この本に書きました。

今まで、イップスに悩む数多くの選手を復活させた実績を通して、実感していることがあります。それは、イップス症状に見舞われた選手は精神的に弱いのではなく、その原因は、選手自身の向上心や観念の持ち方、さらに監督・コーチといった上の立場の人からの技術指導、指導方法に起因している可能性が多分にあることです。また、大変興味深いことに、イップスは能力の高い選手に起きてしまうと言えるのです。

イップス症状は治すものではなく、「受け容れ、乗り越えていくもの」です。野球の世界では、選手がイップス症状を訴えた場合、監督、コーチ、トレーナーたちが、ポジションを替えるといった対応策を取ろうとしますが、そのような方法で症状が改善されるケースは極めて少ないのです。もちろん、軽い症状の場合は、技術指導やポジション替えで一時的によくなる選手はい

ますが、長年にわたって悩み続けている選手は、なかなか乗り越えられない実情があります。

なぜならイップスは、精神面と技術面の対策がうまく合わさってこそ、克服できるものだからです。

イップスになった場合、焦れば焦るほど、症状は悪化していきます。これを努力逆転の法則といいます。

さらに、全ての選手が画一的な方法で乗り越えられるものではないのです。生い立ちや生活環境、性格、体質など、人には異なる背景があります。イップス症状においても、個人個人、置かれている環境、経験が異なるため、イップス症状が現れた要因も違ってきます。そのため、選手がイップス症状を乗り越える方法も、様々なのです。

私は経験上、「心の受け容れ方、乗り越え方」「心のしくみ」「脳のしくみ」の理解に加え、イップス症状になった選手の「生い立ち、生活環境、性格、体質」などを理解した上で、技術指導とメンタルトレーニングを併用することによって、本人が自ら乗り越えるものだと確信しています。

イップス症状が出た選手のケースとして、子供の頃からの生活環境にある共通点が見られます。それは、親や学校、スポーツ指導者の教育方針として、「こうでなくてはいけない」といった強い観念（自身の経験からつくられるもの）が植えつけられ、それが強ければ強いほど、また選手本人の能力が高いほど、中学、高校、大学、社会人、プロになって突然、イップス症状が出やすいのです。

実際、イップス症状で私の研究所に来た選手の多くは、子供時代、親からの教育・指導が非常に厳しく、勉強もスポーツも本人の意思とは別に、やらされていたケースが数多く見られます。

イップスは突然なるものではありません。今までの人生、家庭環境、スポーツ活動の中で積み重ねられてきたものが発端となって、イップス症状として現れると私は考えています。

人は自然に感じ、思い、考え、行動して生きているのです。好きなものは好きだし、嫌いなものは嫌い、痛いものは痛い、悲しければ涙が出るというように、自然に生きているのです。そして、自然にできていたものを、不自然な形にしようとするからこそ、症状として出てくるものなのです。

また、子供の頃に兄や近所のお兄さんを見て、もしくはプロ選手やオリンピック選手が活躍する様子を見て、憧れからスポーツを始める例も多くあります。そして、一生懸命練習に励み、できなかったプレーができるようになった喜びを感じることはよくあることです。

そして段々成長し、技術的にも環境などもステージアップしていく中で、将来に向けてのビジョンがクリアになっていきます。その時は、動機や取り組む姿勢などが、自分独自のものに大きく変化するタイミングです。それを知らせてくれるサインが、イップスの症状なのではないかと感じています。

イップスは、必ず乗り越えられる！
ありのままの自分を、心から受け容れよう！

もう一点、イップスになったスポーツ選手に見られる傾向があります。それは、能力が高いからこそ、もっとできるはずだという自信が過信になってしまった時、症状が起こりやすいと私は見ています。

このように、現実とイメージ、即ち、心（気持ち）と頭（思考）にギャップが生じてバランスを崩すことで、起きてしまう症状でもあります。

繰り返しになりますが、イップス症状は必ず乗り越えていけるものです。大事なのは、諦めないこと。そして、何よりも、イップス症状になった自分も自分として、心から受け容れることが大切です。

本書が、イップスを乗り越えるきっかけやヒントになることを、心から願っています。

イップス研究所所長　河野昭典

Contents

第1章

まずは、イップスについて知ろう！

イップスとは？

イップスは誰もが出会う可能性のある精神的な症状です。ゴルフ、野球だけでなく様々なスポーツやダンス、演奏などのあらゆる芸術表現等において、今までできていたにも関わらず、突然思い通りのパフォーマンスができなくなる症状です。

ゴルフの世界では、昔からイップスという言葉が知られていました。イップスに悩むプレーヤーが多いのは、それだけゴルフという競技がメンタルのスポーツだということの現れではないかと考えられます。

最近では、ゴルフだけでなくあらゆるスポーツにおいて、イップスという言葉が使われるようになってきました。外部からのプレッシャーや自分の心の中に生じるプレッシャーによって、普段は何も考えず無意識にできていることが、急にできなくなってしまうのです。

イップス症状は、心の葛藤（意識的、または無意識的）により、筋肉や神経細胞にまで影響を及ぼす心理的症状です。あらゆるスポーツの集中すべき場面で、プレッシャーによる極度の緊張から、無意識に筋肉の硬化を起こし、思い通りのパフォーマンスを発揮できない症状なのです。

特に、野球の投球や送球、ゴルフのドライバーやアプローチやパター、サッカーのＰＫ、テニスや卓球のフォアハンドやサーブ、ダーツのスローイングなどにおいて、イッ

各種スポーツだけではなく、楽器演奏や医師が行う手術など、様々な身体活動においてイップスは起こり得る！

プスに苦しむ選手が多いといえます。

さらに、スポーツ分野に限らず、作家の執筆活動や医者の手術、音楽家の演奏（ピアノ、バイオリン等）などでも、筋肉の硬化によって自分の思いと違った体の動き、指の動きになってしまうことがあります。


生活習慣の影響により、人生の過程で、イップスは誰にでも起こり得ます。

イップスを英語のスペルで表記すると、〝ＹＩＰＳ〟です。ＹＩＰとは、日本語に訳すと「(子犬などが）キャンキャンと吠える」です。吠えるというのは、「言葉を吐き出す」という意味合いもあります。本当の気持ち（心から伝えたいこと）が言えず、人と本音で話ができないと、言葉を吐き出せずに溜め込むことになります。そうすると、イップスの症状として現れてくるのです。

「こんなことを言ったら恥ずかしい」、あるいは「もし話したら迷惑になるだろう」、そういった思いから、「言わない方が良い」「言わない方が楽」「言わない方が無難」と考え、言えなくなってしまうのです。そのように我慢していることにも気づかないのが特徴といえます。

今まで言えていたことが言えなくなってしまう、これもイップス症状の特徴なのです。

イップス症状の例

・練習では問題なくても、試合になると思い通りに動けなくなる。
・試合になると逃げたくなる。
・体の一部分が痙攣やしびれを起こす。
・手や指先、足に力が入らない。
・練習すればするほど悪化してしまう。

以上のように、あらゆるスポーツ競技、プレゼンテーション、仕事に支障をきたす症状です。

なぜ、イップスになってしまうのか?

ここ数年の傾向として、スポーツ選手に限らず一般の人々の中にもイップス症状を訴える人が増えています。その理由を考えた時、時代背景も大きく影響していると言えます。

日本は戦後、大きな経済発展を遂げ、1980年代後半にはバブル景気に沸き、多くの人々が物質的に恵まれた環境で生活できました。贅沢な暮らしの中で、求めるものはほとんど手に入れられ、我慢することを忘れてしまったかのようでした。

ところが、バブル崩壊後は不況が長引き、経済状況が悪化したまま、改善の兆しがほとんど見られません。このような生活状況の中で、人々にとっては我慢せざるを得ないことがたくさん出てきたのです。

ここで「我慢」という言葉について少し考えてみましょう。

私は、この「我慢」という言葉には、とてもネガティブな響きがあるように感じます。なぜでしょうか。

日本人は古来より、我慢は美徳といった観方《みかた》をしてきました。でも、こうした考え方が場合によっては、イップスの症状を起こす最大の原因でもあると考えています。世の中にある我慢のほとんどは悪い我慢ですが、中には良い我慢もあります。自分の中で意識している我慢は「良い我慢」なのです。例えば、「こういう時期だから、今遊ぶのは我慢して練習しよう」「こういう時だからこそ、我慢して節約しよう」というのは、自分で意識している我慢です。

これに対して、無意識の我慢というのがあります。「〜は当たり前でしょう」「みんな〜しているじゃないか」などと人に言われた場合、言った人にとっては何か（〜の内容）を我慢しているわけではないかもしれません。しかし、自分にとっては無意識のうちに我慢することになってしまうのです。この状況では、自分がどうしたいかということは脇に置かれます。

そこで、「我慢」を「辛抱」に言い換えれば、ポジティブな響きに変えられるのではないでしょうか？　では、なぜ辛抱がポジティブなのか、私の考えを述べてみたいと思います。ここで一つの例を挙げましょう。

あなたが、「世界に通用する野球選手になる」「一流のゴルフプレーヤーになる」といった夢を持っていると仮定しましょう。大きな目的、目標のためなら、あなたはどんなに辛いトレーニングも耐えることができます。辛い練習や稽古であっても、辛抱することはあなたにとっては辛くないはずです。

そして、人に何を言われようが気にしない、気にならないのです。それどころか、目標に日々近づいていることに喜びを感じ、がんばっている自分に大きな自信も湧いてきます。

ところが、我慢することは、言いたいことが言えない、やりたいことができない、という具合に、「心にフタをした状態」となります。

こうした心の状態をゴミ箱に例えてみましょう。ゴミがあればゴミ箱に入れてフタをします。翌日もゴミが出れば同じように入れます。当然のことながら、ゴミ箱がいっぱいになると、入りきらなくなったゴミはフタからあふれ出し周囲に散乱します。まさにこのあふれ出てしまうものが、イップス症状というサインなのです。

言いたいことを言えずに我慢すると、ストレスが溜まります。同様にトイレに行くのを我慢すると、膀胱炎や便秘などの症状や疾患にも繋がります。

このようなことから、心にフタをしてしまうことで、我慢がいっぱいになってあふれ出す時、イップス症状となって現れることも納得できます。そしてこの時、出てこようとする能力までもフタをされたがために、発揮できなくなってしまうのです。これもまた心のしくみであり、心と身体は繋がっている証とも考えられます。

そこで、「我慢」のところを「辛抱」と入れ換えたら、「言いたいけれど、~のために辛抱する」というような文章になります。さらに具体的に、目的、目標の内容を加えると、自然に聞こえるようになります。これは、もしかしたら、言葉の使い方や思いの持ち方の違いなのかもしれません。

同じ我慢でも、目的に向かって我慢していこうと思えたら、それはポジティブな思いと言えるかもしれません。しかし、我慢は、「我、慢心」と書くところからも、私にはあまりポジティブなイメージだとは感じられないのです。

このようなことから、目的をもって意識して自分で選択した「我慢」なのであれば、問題も起こりにくいと思われます。

しかし、無意識に我慢している状態や、我慢せざるを得ない状態は、心に負担をかけてしまうため、ストレスに他ならないと考えられるのです。

つまり、脳のしくみから考えると、美徳という意識で「我慢」を繰り返すことによって、習慣化されてしまいます。

やがて、全てにおいて「我慢して〜しな

「エースに昇格させて」と言いたいけど、
我慢しなければ……

←

「エースに昇格させて」と言いたいけど、
もっと三振を奪って認められるために
今は**辛抱**しよう！

「我慢」を「辛抱」に置き換えると、心が前向きになりますよ！

ければならない」という無意識の思いの癖が身についてしまうのです。この思いが「観念」の一つです。

例えば野球選手の場合、言いたいことがあっても監督やコーチにはなかなか言いづらく、チームメイトにも話せないことがあります。

もちろん、これは野球などのスポーツのケースに限らず、職場や学校、家庭でも似た例がたくさんあるでしょう。

言いたいこと、思ったことを言葉にして吐き出してしまえばいいのです。心から伝えたいことが言えるようになれば、大きな前進です。

これに関連した話をご紹介しましょう。野球の投球の話です。

イップスの症状として、遠い距離ではコントロール良く投げられるけど、近い距離では投げられないというケースが多々あります。一般的には近い距離の方が投げやすいと考えられますが、逆なのです。プロの選手の中にも、近い距離だと投げられなくなる選手はたくさんいます。

これはどうしてなのでしょう。私たちの日常生活に置き換えて考えてみましょう。

遠い距離の相手というのは、人間関係においても遠い所にいる人たちです。こうした人たちとはほとんど関わり合いがなく、「相手が自分をどう思うか？」などと心配することも少ないため、案外気軽にものを言えることが多いのです。

しかし反対に、近い距離、例えば家族、野球の場合は監督やコーチ、チームメイトなど、身近にいる人に対してはなかなか本音が言えないものなのです。

そして、その普段の習慣が、プレーの時に自然と現れてしまいます。イップス症状も普段の習慣と無関係ではないといえるの

監督などの「身近」な人になかなか本音を話せない選手は、「近い」距離でボールを投げられなくなるケースが多い。

ではないでしょうか。

そこで、「近い人に対して言いたいことが言えない＝近い距離でボールがうまく投げられなくなる」という症状が見られます。実際、言いたいことが言えないと腕が振れなくなることがあります。

また、通常は投げる時に息を吐くものですが、イップスでは無意識に息を止めてしまうのです。人は緊張した時、息を止めてしまうことがありますので、まさに、緊張している状態を裏付けているのではないでしょうか。

まさか、キャッチボールで緊張しているなどという認識は、意識の上ではないと思われるかもしれません。ところが、身体が緊張状態を起こして呼吸を止めたり、筋肉が硬直するという現象は、「無意識の我慢」が観念として習慣づいていることで生じます。気づいていない緊張や不安が身体に信号を出しているのです。

呼吸が浅い状態や息を止めてしまう状態では酸素が入ってこないので、筋肉も硬くなり、リラックスしづらくなるのも当然です。

さらに、普段言葉を吐くことを抑える習慣のある方は、呼吸も浅くなっていることがわかってきました。

心と身体と思考は全て繋がっています。話すこと、言葉を吐き出すことが呼吸の仕方と深く結びついていることや、自分の観念からイップス症状が現れることからも、全ては繋がっていることがわかります。

何らかの要因により、心と身体と思考のバランスを崩したり、繋がりが断たれるようなことが起こると、不自然な状態になってしまうのです。

イップスになりやすいタイプ

イップスは誰にでも現れ得る症状であり、人の性格やタイプによって症状が出る、出ないというものではありません。私は長年にわたり、数多くの臨床の場で様々なクライアントを見てきましたが、心の病を含め、イップス症状においても、誰でも起こり得るものだと常に感じています。

けれども、どうしてイップスになってしまうのか？　どういう人がなりやすいのか？　といった背景を分析すると、比較的「思いの強い」人にその傾向が見られます。

ひとくちに思いが強いと言っても、人によってタイプは異なります。また国民性の問題もあるでしょう。

例えば、日本とアメリカを比較してみましょう。

日本では、スポーツの世界に限らず、さまざまな場面で型にはめ込もうといった傾向がまだまだ見られます。

もちろん、伝統芸能などの世界で型を重視し、それを正しく受け継いでいく必要性がある場合などは別です。しかし、スポーツなら、ピッチングのフォームはこうでなければならないといった理想の型を作り上げ、それに自分の動きを当てはめようとしてしまうことが危険なのです。

理想のフォームを頭の中で作り上げてしまうと、体をこのように動かさなければいけないという強い思いにとらわれるようになります。

そこで、型に当てはめようという思いと、身体が動かしたい「本来の動き」との間に大きなギャップが生まれてしまうのです。

一方、アメリカの場合は、お国柄のみならず、メジャーリーグなど組織のしくみが日本とは異なります。成果主義が重視される状況にあって、「自分はもっと成果が出せるはず」という思い込み、向上心の強さから、現実とのギャップが生まれてくることが多いように思われます。

日本と比較すると、型にとらわれることが要因でイップスになる選手は少なく、向上心や莫大なお金を手に入れたいという強い思いに起因するケースが多いようです。

ところで、昔から「精神的に弱い」という言い方がありますが、これには違和感があります。この場合の「弱い」とか「強い」は、何を基準にしているのでしょうか。

イップスの症状に苦しめられ、自分の思い描くようなプレーができなくなった時、何とか克服したいという思いで必死に練習をしたり、真剣に考え続けることが、場合によっては症状を悪化させるケースもあります。

それは、「治そうと思えば思うほど悪化する」という努力逆転の法則に当てはまるものです。そのような状態をひとくちに「精神的に弱い」と言うことには抵抗を感じます。と同時に、そのような観念で決めつけてしまうことによって、さらに精神的に追い込んでしまい、症状を悪化させる要因ともなり得るのです。

これは、周囲の観方というより、自身が弱いとイメージしてしまうことで、「強くならなければいけない」という観念を作り出すことが、何より大きく影響していると感じます。

周囲の人に何と言われても自分を信じられるようになることが一番の課題とはい

す。

え、悩んでいる時は余裕がありません。心ない言葉に胸を痛めている方は多いようで

そもそも人間には一人一人、強みと弱みがあります。全てにおいて完璧に強かったら、人間ではなく機械かもしれません。私たちは自然な人間なのですから、そんな自分の弱みも自分の一部として受け容れ、許すことで、「どう生かしていくか？」を考えることができた時、最大の強みに変わると確信しています。

どんな自分であれ、自分自身を知ることは、とても大切なことなのです。

さらに、イップスの症状が現れる時は、よく言われる「壁」にぶち当たっているとも考えられます。

今までは練習すれば順調に技術が向上していたのに、ある時から思うように結果が現れなくなってしまうのです。例えば、ステージ（段階）などの環境が変わると、全く結果が出せなくなってしまうケースがよく見られます。自分自身は今まで通り練習を続け、何かが変わったわけでもないのに、いきなり目の前にとても崩しきれない大きな壁が行く手をふさいだかのように感じるようです。

しかし、このような「壁」とは、能力のある者にしか生まれてこないものです。なぜなら、ちゃらんぽらんにやっていて中途半端な思いであれば、このような壁が存在すること自体あり得ないからです。

それはイップス症状にも言えることで、物事への思いが弱いならば、症状も現れることはまずないのです。

このように、イップス症状は真面目な人や神経質な人に現れると言われますが、一方で、長年の臨床経験からするとそれだけではないように思われます。

例えば、風邪などの疾患は誰にでもかかることがあるように、心の病であるうつ症状やイッ

心配は無用です！
イップスは、風邪のように誰でも現れ得る症状なのですから！

プス症状もまた、誰にでも現れ得る症状と言えるのではないでしょうか？

それでは、どうしてこのようなイップス症状が起きてしまうのでしょうか？　次章から一つ一つ検証していくのですが、大前提として踏まえておきたいことがあります。それは、ものの観方や考え方、受け取り方、その人が今までに持ち続けている「観念」が、深く関係しているということです。

その人が今日までの人生の中で作り上げてきた観念は、ちょっとやそっとでは変えることができません。また、通常それを変えようとも思わないでしょう。

その観念があるからこそ、物事を理解し判断し、ある状況に対して我慢を続けてしまうのです。そうしているうちに、心には葛藤が湧き起こっています。本当の自分は嫌だと思っていても、この状況を我慢しなければという思いがあり、そこに生じた葛藤にフタをして、無意識に溜め込んでしまうのです。これが、イップス症状を引き起こす大きな要因の一つになります。

今まで述べてきた事柄については、後の章で、改めてご紹介したいと思います。

第2章

脳のしくみ・心のしくみ

脳のしくみ

人間の脳は、大脳、間脳、小脳、脳幹（中脳、橋《きょう》、延髄）から成り立っていて、それぞれに重要な役割があり、繋がりをもって機能しています。

大脳は全身からの感覚情報を受け取り、記憶、思考、判断を行い、全身に指令を出しています。小脳は、眼球の運動や四肢の運動を調節します。その他の詳細については専門書を参考にしていただければ、ある程度の知識としては理解できます。

しかしながら、人間の脳に関する研究はまだまだ未知の部分が多く、脳の不思議な力は現在も研究途中であり、日々新しい発見があります。

ストレスなどの何らかの理由により、脳の働きがスムーズにいかなくなると、身体の動きや思考にも影響が現れます。また、脳のしくみに関連して、イップスが現れるプロセスに関わる重要なポイントがあります。

〈人間の脳〉

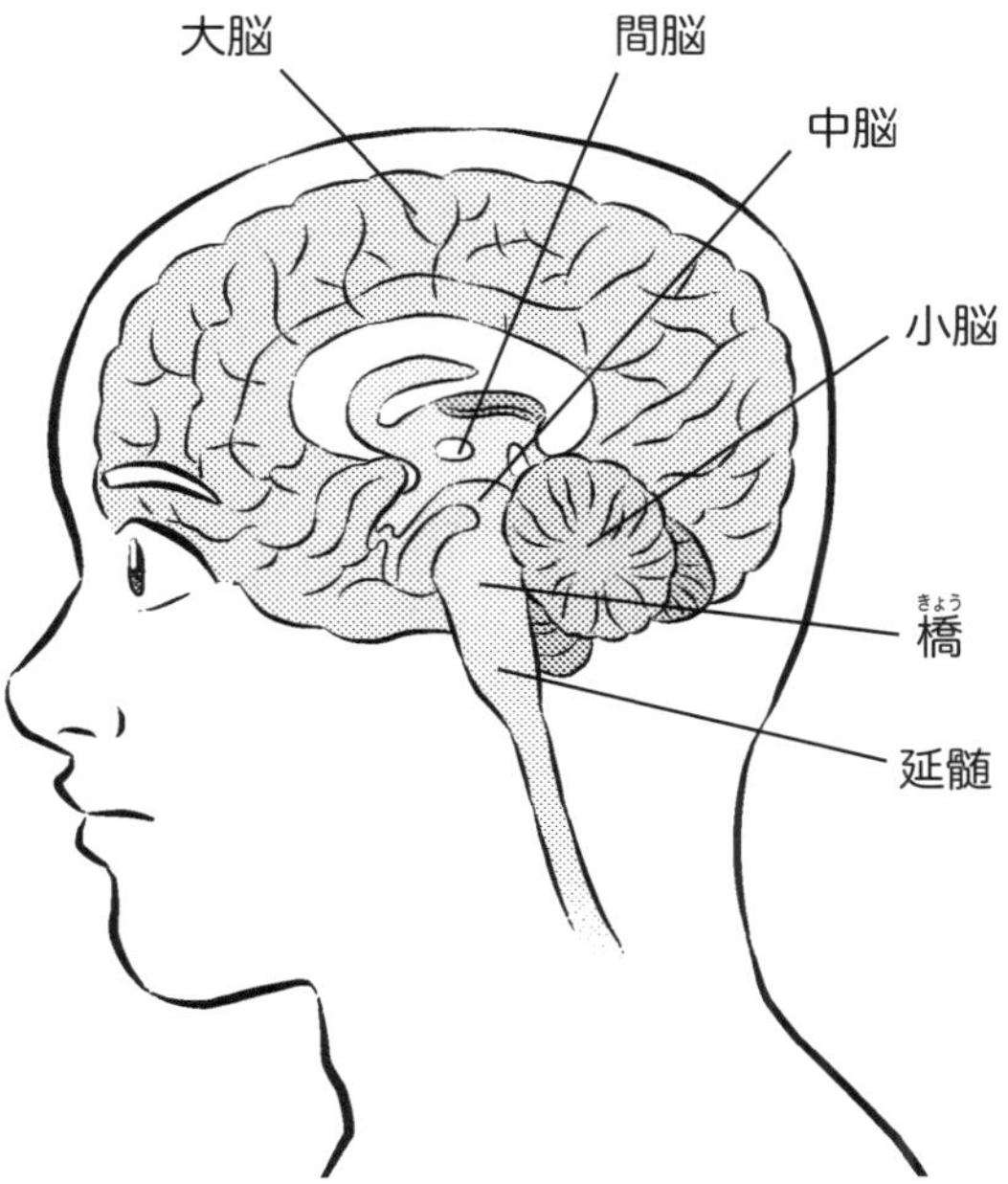

脳のしくみとイップスの関連性においては、二つの点に着目したいと思います。

その一つは、脳のイメージと伝達です。これは、思ったことがそのまま脳でイメージ化され、身体のあらゆる細胞へ伝達し、イメージ通りに表現されるしくみです。

一例を挙げてみましょう。試合を目前にした選手が、「失敗してはいけない」と強く思い込んでいるとします。

しかし、これは脳の中の1割しか占めていない意識（顕在意識《けんざいいしき》）の部分であり、この時、脳ではなんと、「失敗している自分」のイメージが描かれてしまっているのです。これは残りの9割の無意識（潜在意識《せんざいいしき》）のイメージに繋がります。そのイメージが細胞に伝達された時、実は本来の思いとは裏腹に、失敗してしまう可能性が高くなってしまうのです。

実は、これは脳のしくみなのです。思っていることは、脳に絵を描くようにイメージされます。

例えば、お客さまにお茶を出すとします。この時、「こぼさないように出さなくちゃ」と思っているとしたら、脳に描かれている絵はどのような絵になるでしょう？

そうです。お茶をこぼしている絵なのです。脳は、描かれた絵（イメージ）から忠実に全身の細胞へ指令を出します。そこで、お茶をこぼした絵（イメージ）から出る指令は、当然こぼすべき動作へと繋がります。

即ち、失敗しないようにと思えば思うほど失敗しやすいと言われているのは、このことを指しています。

脳のしくみとして、このような思いが強ければ強いほど、イメージは深く刻まれていき、それが現れやすくなってしまうと言えるのです。

それならば、このような脳のしくみを知り、「失敗したくない」と強く思うことをやめればいいのでは、と思うでしょう。け

「こぼさないように…」と思うと、こぼしているイメージを脳は全身に送ってしまう！

「おいしく飲んでほしい」と思うと、スムーズに身体を動かせる。

れども、「失敗したくない」と思うのは、誰でもごく自然なことなのです。逆に、思わないようにすること自体も、人間にとっては苦痛になります。

まして、思わないようにする、考えないようにする、その行為は、まさにそれに集中して考えている状況を作り出していますので、脳は混乱し、考えが停滞してしまうばかりです。

では、最善の方法はどうすればよいのでしょうか？

実はイメージを描き換える方法があるのです。

その方法は、「失敗したくない自分」をイメージするだけに留まらず、「自分はその先、どうしたいのか？」まで具体的に思い描くことで、なりたくないものから、なりたいものへとイメージを描き換えるのです。

それがまた、描かれたイメージ通りに必要な細胞に伝達されていくのです。この時、自分のしたいことや、本来考えたいことが具体的にあると、より効果的です。

もし、自分で今、イメージが描き換えられるようでしたら、試してみてはいかがでしょう。かなり鮮明にイメージすることで、実際身体を動かしてみるとスムーズになっている変化に気がつきませんか？

先ほどのお茶の例で考えてみると、こぼしたらどうしようという不安があるけれど、「温かいうちにお客さまに出してあげよう」「早く飲ませてあげよう」などの目的に考えをフォーカスすることで、こぼしてしまう絵（イメージ）から、目的を達成する絵（イメージ）へと描き換えられ、動きやすさへと繋がるのです。

二つ目に着目したい点として、人間の心に存在する意識と無意識を取り上げたいと思います。人間の心の中には、意識と無意識があります。面白いことに、意識して行動したものは、必ず無意識になっていきます。

野球選手の場合なら、野球を始めたばかりの頃、投げ方や打ち方はもちろん、グローブの使い方、バットの持ち方などまでも人に教わり、人の姿勢を見て学び、意識して始めたのではないでしょうか。

ところが、繰り返していくうちに、そのような使い方や持ち方などはあっという間に無意識で行うようになり、次の「もっと上手くなるにはどうしたらいいか？」ということに意識が変わります。日常のささいなことも同様に、次々と無意識にできることが増えて人は進化し続けているのです。

ここで言う意識とは「顕在意識」のことであり、無意識は「潜在意識」です。一般に、人が意識して行うことは、全体の1割にも満たないのですが、必ず無意識の領域である潜在意識に入っていきます。実にこの潜在意識の割合は9割ということになり、驚くべき数字です。となると、私たちの普段の言動は、ほとんどが無意識に行われているということになります。

9割の無意識の中には、数えきれないほどのコンテンツ（言葉、表現、態度、行動、呼吸、まばたき等）があります。しかし、実際には、1割の意識が邪魔をして無意識を抑え込んでしまっているために、なかなか能力を発揮できないのです。

無意識の中には、その人の経験値が全て詰まっていると考えられます。もちろん、経験は良いイメージのものばかりではありません。不安や緊張、恐怖といったマイナスのイメージも含まれます。その中に蓄積されたものが意識化されて出てくるのです。

一方で、経験のないものは、無意識にはありません。ないものは意識化されては出てこない、つまり能力として発揮できません。

例えば、英語が大好きで勉強を積み重ねていたにも関わらず、いざ会話しようとすると緊張で言葉が出ない状態があるとします。ところが、緊張や不安を受け容れ、リラックス状態で臨んだ時に、今まで勉強してきた言葉が難なく出てくる瞬間があります。これはまさに、潜在能力を発揮する瞬間です。

潜在的に作られた能力を発揮できた時が、意識化された時と言えます。発揮できる潜在能力は、どんな天才でも、１割未満と言われています。この能力を発揮するためには、それまでに培った経験（練習など）が不可欠なのです。

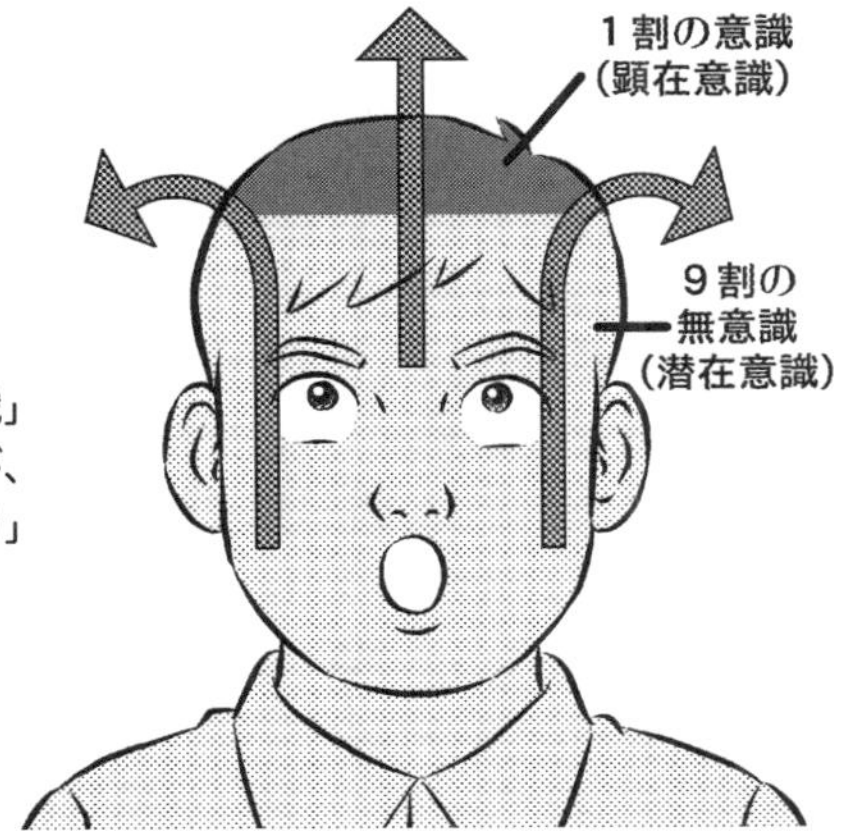
9割を占める「無意識」
に蓄積されたものが、
残りの1割の「意識」
を通って、出てくる！

心のしくみ

次は、心のしくみについてのお話です。

心というと、心臓（ハート）のあたりにあるといったイメージを持つ人が多いかもしれません。しかし、実は心も脳にあると言われています。「それなら、脳のしくみに含まれるのでは？」というご意見もあるかもしれませんが、私はあえて、分けてお話していきたいと思います。


さて、「心」という文字を使ったいろいろな言語表現があるのはご存知でしょう。「心裏腹」「心のまま」「心の病」「心の状態」など、よく見聞きする表現ですね。

私は、「心」というのは、その時感じている本来の気持ちのことではないかと思っているのです。

人は、何かを感じた時、心が突き動かされます。これこそが、「感動」という言葉そのものではないでしょうか。感動こそ、変化が起こる象徴なのではないかと思います。

感情については、大きく分けると2種類あるように思います。あれこれ考えて「私は嬉しい、悲しい」と頭でこしらえる感情と、容赦なくあふれてくる（こみ上げてくる）感情の2種類です。

ここで言う、心を突き動かす感動とは、頭で考えることでこしらえた感情とは少し異なり、あふれ出てくるもの、湧き起こるものです。

思考に基づいて
頭でつくり出した感情。

心が突き動かされて
あふれ出る感情！

人は、理屈など存在しないままに、本当の自分が自然に求めるものがあり、その願いが叶った時、または近づいてくる時、とても満たされ、さらに自信に繋がっていくのでしょう。

しかし、脳のしくみと心のしくみから察すると、心から求めているものは、潜在的に隠れていることがよくあるのです。そして、何らかの理由や事情により、意識してポジティブに考えているつもりでも、心との間にギャップを感じるようになります。それが、自覚するよりはるかに我慢を強いられてる状態であることがあります。我慢がだんだん溜まっていくと、あふれてしまうのです。これがイップスの症状へと繋がっていきます。

人が頭の中で、「～しなければならない」「～すべきだ」といつも思っていると、それが習慣化されます。これが観念になるのです。

本当にしたいことへの気持ちを抑え込み、「～しなければ大変な事態が起こる」という不安や緊張、恐怖心を作り上げてしまうのです。そうなると、不自然な形で力みが生じ、能力が発揮しにくくなります。これは大変もったいないことです。

人間は、何かを感じ、考え、どう行動し表現するかを決めて実行する生き物です。自分が何かを感じているのに、それを無視したまま、いつも頭でばかり考える習慣が身についてしまうと、実態のない不安にも関わらず、「何とかしなくてはいけない、どうしよう」という気持ちが意識の中で大きくなっていきます。

やがては、義務感ばかりが心を占有し、主体性がないような感覚に陥り、自分を必要以上に追い詰めてしまいます。または、不安ばかりが気になって、本来考えたいことや行動したいことが置き去りになってしまうのです。

そして、本来備わっているはずの能力が発揮できず、動きも不自然になっていきます。

「～しなければならない」という思いは、自分の中に完璧を求めてしまう「ちゃんとしなければならない」という思いなのです。この思いと、心が求めているものとのギャップが大きくなればなるほど、葛藤が起こるようになります。そして、何かをやればやるほど、また考えれば考えるほど、このギャップによって頭の中がショートしてしまうような状態が積み重なってしまいます。

イップスとは、その積み重なったものがどんどん膨れていき、コップの水があふれ出ていくように症状として現れてきます。このような状態になると、心も身体も緊張状態により、人の言動が刺激的に感じられ、人を遠ざけたくなることもあります。

例えば、充実していて元気な状態の時に言葉をかけられると、気にかけてもらえることが嬉しいと感じられる余裕があります。しかし、すっかりショートしていっぱいいっぱいの状態では、同じ言葉や行動からプレッシャーを感じたり、責められているかのように感じてしまうこともあります。

また、人と比較して劣等感が強くなることもあります。そこから、イップス症状に発展するケースも多々あります。

そして度々症状が現れるようになると、予期不安が心の中に生じます。「また起こったらどうしよう」と不安でいっぱいになり、無意識のうちに身体が緊張状態になっていきます。やがて、知らず知らずのうちに筋肉に力が入り、静脈、動脈、毛細血管など身体のあらゆる血液循環が滞ってしまい、頭と心と身体のバランスを崩してしまう原因になります。

血液の流れが滞るようになると、筋肉の凝りや張りが進み、痛めてしまう要因にもなります。さらに、心臓に送りこまれる血液の量が変化し、動悸や胸の圧迫感などに繋がり、場合によっては吐き気や痛みを感じるケースもあります。また、過呼吸を引き起こすこともあります。これらは、心の病でもあるパニック障害に似た症状です。

このように考えると、脳のしくみ、心のしくみ、観念というものが、放ってはおけない重要なポイントであることに気づくのではないでしょうか。

第3章

イップスはこわくない！

心の不調は薬で治すものではない

アメリカのプロゴルファー、タイガー・ウッズ選手には、3人の専属メンタルトレーナーが付いており、それぞれ専門分野を担当しています。また、ドミニカ共和国出身のメジャーリーガーは、契約によって一選手に一人の専属メンタルトレーナーが付いています。

アメリカで活躍している選手たちがメンタルトレーナーを付ける理由は、不安なまま試合に出場したくないからです。試合前に精神的な悩みを打ち明け、話を聞いてもらうことで、気持ちを本来考えたいことへとポジティブに向けるのです。自分自身を楽にした状態でプレーしたいと、多くの選手が望んでいます。

これはアメリカの一般社会にもいえることで、一般の人々も状況によって専門のメンタルトレーナーのところに行きます。それはまるでコンビニに行くような感覚だといいます。これはアメリカでは自然なことなのです。

ところが、日本では「メンタルが弱い」という自分が受け容れられないのです。また、世間もそのように考えます。だから、カウンセリングに行くことは「恥ずかしい」「世間体が悪い」といった感覚がいまだに根強く残っているのです。精神科や心療内科に行くことにも、抵抗を感じる人がまだまだ多いのです。

それにも関わらず、精神科や心療内科の待合室は、大勢の患者で混雑しているところが多いようです。なぜ、このように混んでいるのでしょうか？

アメリカではトップアスリートはもちろん、一般人でも〝コンビニに行くように〟気軽にメンタルトレーナーを訪ねる。

それは、治っている人が少ないからです。そこには、抗うつ剤といった薬に頼る医療現場の事情もあります。

精神安定剤や抗うつ剤といった薬は、うつなどの症状を抑える働きはありますが、治すものではありません。いつしか薬に頼るようになると、薬依存によって副作用に悩まされるケースもあります。

そもそも、心の症状について「治療する」という考え方に私は抵抗を感じています。何らかの理由によってそのような症状、つまりサインが現れているため、必要なのは、癒すことや受け容れることなのだと確信しています。

昨今、このような薬偏重主義に異を唱える精神科医も出てきていますが、現状はなかなか変わらないというのが事実です。

たしかに、人それぞれの環境、背景も異なるため、即効性のある医薬品で症状を安定させることが必要な場合もあると思います。何をどのように利用するか？　どのタイミングに必要なのか？　ということに気づくためにも、個々の状態を客観的に見つめていくこと、その人自身の気持ちや意思が不可欠だと思わずにはいられません。

イップスに悩む本人と周りの人へ

私たちが普段、話をする時、ほぼ無意識に言葉を使っています。

ところが無意識に言葉を使えば使うほど、潜在意識に迷いが生じ、ますます意識化されないことになります。そこで、本来あるはずの能力も出てこないのです。

具体的な例を挙げてみましょう。

多くの人は、調子が悪い時、何でも人に聞こうとします。それも一人だけでなく、複数の人にアドバイスを求めてしまうのです。そうなると、あまりにも様々なアドバイスが提供され、逆にどれがいいかがわからなくなってしまうのです。

このような時は、どうしたらいいのでしょうか？

まず、無意識を楽にしてあげることです。そのためには、リラックスが大切です。

そして、得意な技術や好きな動きをさらに伸ばせばいいのです。

真面目な国民と言われている日本人ならではという部分でもありますが、こんな時、悪いところを直そうとすることが少なくありません。良いところをさらに伸ばそうとは、なかなかしないのです。

私のアプローチは、良いところを伸ばし、悪いところは見ません。それは、イップスを治そうとは考えていないからなのです。イップスは治すものではありません。このような状況にあるなら、監督や指導者は洞察力をもって選手の良いところを見極めることが重要です。なぜなら、良いところを伸ばそうとすると、自然と悪いところが良くなっていくからです。

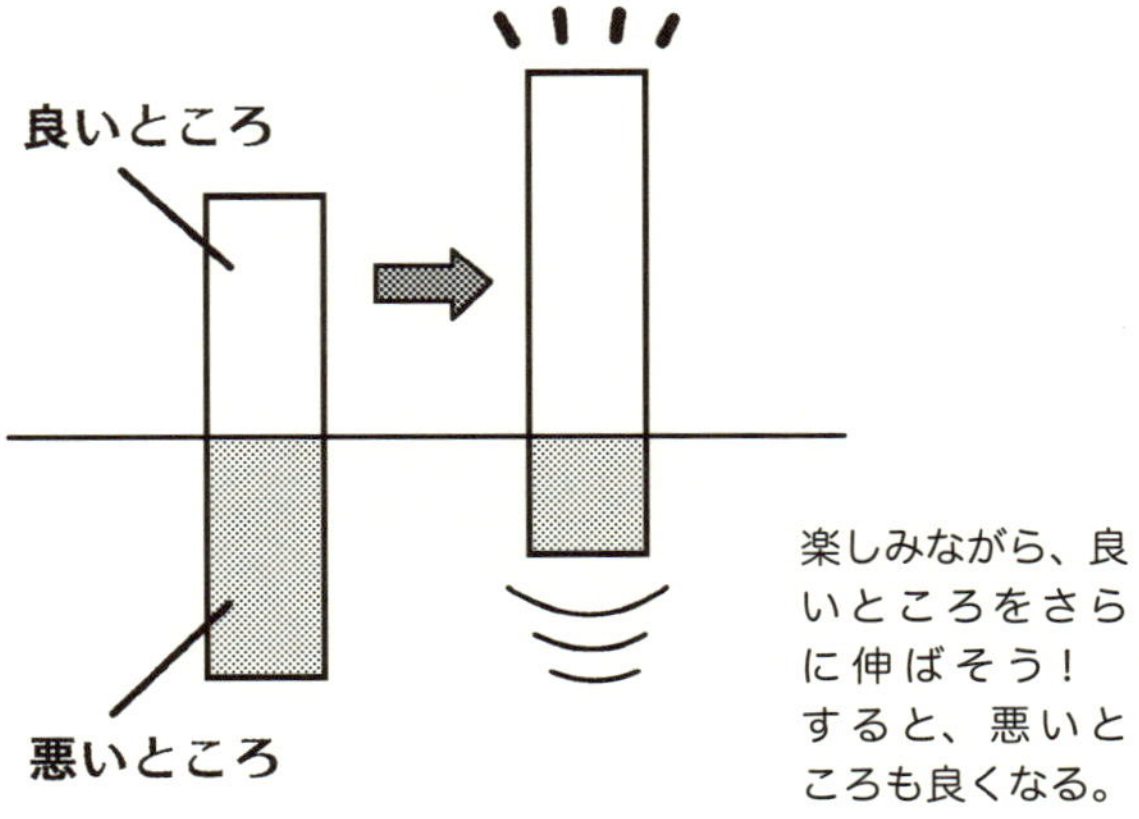

私は、全国の野球チームの監督やコーチからご相談をいただきます。こんなに練習しても、あれほど強い選手を集めても勝てない、どうしても勝てない、そんな思いを持っている方が後を絶ちません。

そこで指導者たちに、今までのやり方を振り返ってもらうのです。そうすると、かなりの割合で口にするのが、「今までは怒ってばかりいた」「怒ればいいと思っていた」という言葉です。

でも、そのやり方を変えて怒ることを控えるようにすると、チームの雰囲気が変わっていきます。そして、勝てるようになるのです。

それまで、監督やコーチは選手たちを変えようとしてきました。でも、自分の指導のやり方を変えることで、選手たちの表情が変わり、チーム全体の様子が変わってきて、結果的に、試合での勝利を呼び込む大きな要因に繋がっていったのです。

スポーツの世界では、以前は、スパルタ式が流行っていた時代もありました。すぐ怒り、手が出るような怖い監督。ひどくなると、独裁者のようにふるまい、相手を傷つけていることを知らないまま過ごしてきた指導者もいます。

それで結果が出ていた頃はまだ良かったのです。自分の統率力や指導力を過信していたのでしょうが、実際は、選手たちの方が頭が良かったのです。たまたま、軍隊のようなスパルタ式のスタイルに合った選手がそろっていたから結果が出ていたのです。

ある高校野球チームの監督は、10年間、甲子園に出られないまま、他の高校に移り、そこでも野球部監督になりました。ところが、この高校では1年目に甲子園出場を果たしました。

これは、異動先の高校にたまたま優秀な選手が集まっていたということなのでしょうか。もちろん、実力のある選手が数多くいたのかもしれません。しかし、それだけではありませんでした。

監督自身が選手への接し方を変え、それまではよく怒り、時には手をあげることもあった態度を改めたのです。

その監督は「今までの自分のやり方は間違っていた」と言います。それは間違いというよりも、そのやり方が当時の選手たちには合っていなかったのです。

2012年、ロンドンで開かれたオリンピックを振り返ってみましょう。

十分に実力を発揮してメダルを獲得できた選手たちは、表情にも余裕があり、所属チームの比較的自由な雰囲気も伝わってきました。

一方で対称的だったのが、終始険しい表情だった柔道の選手たちです。心技体といわれる柔道であっても、試合中、指導者レベルの人々が、「襟を持て！」「～をつかめ！」と盛んに言っていました。

あの時、「もっとリラックスしていこう」「笑顔でいこう」といった言葉をどこかのタイミングでかけられていたら、結果はもっと違ったものだったでしょう。あの時点で、今さら技術の確認をしてもしょうがないのです。すでに練習はいやというほどやってきているのです。試合会場では、選手たちのメンタルケアを重視すべきなのです。ところが、武道であるにも関わらず、柔道の世界では一番大切な心の面が忘れられているように見受けられました。


私の研究所では、脳の領域のうちの１割を占める意識の部分を対象とするカウンセリングや、残りの９割を占める無意識の部分をケアする心理療法を行っています。その中には「スポーツ催眠」もあります。これは、セルフコントロールを目的とした、無意識を楽にする手法です。

通常、無意識の部分をケアするのはとても難しいのです。思いや観念といったものが、人間の能力にブレーキをかけています。しかし、催眠によって脳のリラックスを促し、その状態を変えることができます。

イップスやうつで悩んでいる人たちは、何とかしたいという思いが強くあります。しかし、そのような人の中にもリラックスが嫌な人はいません。ゆえに、皆受け容れができるのです。

カウンセリングに来られた選手に対して、私は次のような言葉をかけます。

「その投げ方でいいよ。では、その投げ方をうまく使おうか」と。これはイップス効果トレーニングです。本人の同意のもとに、一緒になって克服していくのです。

なぜイップス症状が出たのか、その要因は皆違います。また乗り越え方も一人一人違います。カウンセリングでは、クライアントが自分自身と向き合えるようにサポートしていきます。それには、イップスの症状を受け容れることが重要です。イップスが嫌だと言っているうちは、先に進めないのです。イップスになった自分も自分、風邪になった自分も自分なのです。

健康な子供が風邪を引き、熱が出たとします。熱は体からのサインです。だからこそ病院に行き、処方された薬を飲みます。それは、風邪に対して受け容れができたからです。

スポーツの現場では、イップスにかかると、他人に知られたくない、見られたくないという選手が多いのです。なぜなら、それまでできていたことができなくなったから、恥ずかしいという意識が働き、隠そうとするのです。

私は、イップスであることは恥ずかしいことではなく、それはある意味風邪と同じだと言っています。

クライアントの中には、周囲の人にイップスであることが知られて、はじめて私のところにやって来る人もいます。イップスはまず自分に症状が出ていることを受け容れないと、乗り越え方がわからないままになってしまいます。次のステップに進めないのです。受け容れてしまうと、乗り越えるコツがわかるようになります。これがイップスを克服するにあたって、一番重要なことです。

イップスとうつの症状がよく似ていることは、度々お話してきました。実は、うつには絶対にならないと思っている人ほど、うつになりやすい傾向があります。うつ状態には誰もがなる可能性があります。イップスも同じです。

しかし、そのような状態にいつなってもおかしくないと思っていれば、いざなった時に対処できるものなのです。ところが、絶対ならないと思い込んでいる人は、事実をなかなか受け容れることができません。

スポーツの世界では、まだまだイップスについて無理解な指導者が多いというのが実情です。イップスを受け容れている指導者は、イップスになった選手に対して関わろうとします。イップスを乗り越えることができれば、その選手が再びプレーできることがわかっているからです。

しかし、無理解な指導者は、イップスは治らないと思い込んでいます。そして、その選手の存在がチームのお荷物になると考え、手を差し伸べないことがあるのです。

これはとても残念なことです。残念なのは、悩んでいる選手にとってだけではありません。選手にとっては、むしろ必要だから起きていることかもしれません。それよりも、指導者自身にとって残念なことだと感じています。

なぜなら、目の前で起きていることは、全て意味のある出来事だからです。そのような指導者は、きっとものの観方や考え方、捉え方を何らかの観念に縛られて生きているのではないでしょうか。ゆえに、思い込みの中で判断し、指導しているのではないかと感じます。

そのような生き方、考え方から解放できるチャンスを、目の前で選手が作ってくれているのかもしれないのです。そのチャンスを逃すことに対して、残念だなと思うのです。

しかしながら、何かを感じて受け容れられるようになるには、人それぞれ、ふさわしいタイミングがあるのかもしれません。

イップスは「ギフト」である

イップスは、その人に与えられたギフト（贈り物）という観方ができます。

ある方にそう言ったら、「随分と迷惑なラッピングをされたギフトですね」と表現されていました。なるほど、迷惑なラッピングだからこそ開けたくないし、中身も見たくないのです。つまり、それを受け容れられないのです。

このギフトの箱の中には何が入っているのかわかりませんので、開けない人もいます。でも、箱の中には、そのスポーツで向上していくための新たな動機や方向性を示す、素晴らしい宝物が入っているかもしれません。

ギフト（gift）という言葉には「才能」という意味もあります。自分の才能に気づかせてくれることもギフトそのものです。

イップスは、まだ才能に気づいていない自分に向けての「気づいて！」というサインでもあるのです。「今何かに気づけばステップアップできて、これからの人生が開けるチャンスの時ですよ」と知らせてくれているのだと思います。

それまでの自分の生き方や考え方が、間違っていた訳ではないのです。それは、自身にとって必要なものであり、そこから得た経験や能力は決して無駄ではありません。また、その経験があるからこそ、ギフトを受け取れるのではないでしょうか。

ですから、イップスを「治そう」というのは、今までやってきたことの全否定に繋がるのです。イップスは治すものではなく、「克服する」「乗り越える」ものです。

ＷＨＯ（世界保健機関）の定義によれば、

イップスは、天から与えられたギフトである。箱を開ければ宝物が！

うつは神経症であって病気ではありません。気分障害と定義しています。イップスもうつも、治すものではないのです。

イップスを克服した人でも、またイップスになる可能性はあります。風邪を引いた人がまた風邪を引くのと同じです。風邪を引いた時、病院に行って治療を受ければ、熱も下がって楽になります。すると次回、風邪を引いたらすぐ病院に行くようになります。対処法がわかっていると、心にも余裕が生まれてくるのです。

同様に、再びイップスになった時、「今、自分はこういう考え方をしている。こういう投げ方をしている」と気づけるようになります。そうすれば、次の投球の時に修正できるのです。まず気づくこと、受け容れること、それが乗り越えるコツです。

私はある時、「有り難い」という文字を見て気づいたのです。世の中、辛いことや苦しいことが全くなく「無難」に生きられれば、それはそれで幸せなのかもしれません。けれども、本当に人生はそれでいいのでしょうか。

山あり谷あり、困難もいろいろあるけれど、それを有難いと思って受け容れることが、人生にとって最大のギフトなのではないでしょうか。

新しいステージを開くイップス

イップスの症状が出た時、その原因は一人一人異なります。したがって、乗り越え方も人それぞれ違ってくるのです。

イップスには、その人の今までの生き方や性格、考え方、全てが影響しています。また、家族、あるいは監督やコーチといった指導者など、選手本人を取り巻く環境が大きく影響している場合もあります。本人の「～しなくてはいけない」といった思い込みもあるのですが、家族や指導者にも要因となる問題があるケースが多いのです。

例えば、本人はそのスポーツをあまり好きではないのに親に無理やりやらされていると、嫌々ながら行っているので、そのサインとしてイップス症状が出る可能性が高くなります。

本心は「やりたくない」と拒否しているわけですから、症状が出るのも無理がありません。しかし「やりたくない」と言うと、親は怒るかもしれないし、がっかりするかもしれないと思って、なかなか「辞めたい」と言えないのです。続けたくないという本心を押し隠し、親を怒らせないため、がっかりさせないためだけにスポーツを続けていると、どこかでイップス症状が出てきてしまうのです。

これはまさに転機なのです。それまでの、親や周囲の人の気持ちを前提にした動機から、「本当にやりたいことをやりたい」「自分自身の意思で生きていきたい」という自立のタイミングを知らせるサインなのです。

このような転機に不調が現れるのは自然なことです。悩んだ末に、自分自身で切り開けることもあります。しかし、あまりにも周囲に心配されすぎることによって、「こんなことではいけない。何とかしなくては」と、不安にかられて自信を持てなくなったり、焦りに繋がっているケースも多々あります。

周囲の方が心配することは、無理もないことかもしれません。しかし、本人が乗り越えていくしかないのです。不自然に何も言わないでいることはお薦めしませんが、自然体で見守ることを願うばかりです。プレッシャーをかけずに、心配しすぎずに。

周囲の方が不安になっていたら、悩んでいる本人はさらに不安になっていきます。

親や指導者が克服方法を決めつけず、問題を抱え込まずに、メンタルトレーナーなどに相談することも大切なのではないでしょうか。

人間の能力を引き出せるかどうかは、体、思考、心の使い方によります。そこで、イップスを応用して能力を引き出すこともできるのです。

イップスは次のステップに進む方向性を示すサインでもあります。ですから、イップスにかかってしまったことを悪い方向に考えることは、それこそがマイナスなことなのです。

一見、マイナスに見えることでも、プラスに受け取ることは可能です。イップスはギフトであり、才能が開花するきっかけを与えてくれるものなのです。

人それぞれの人生にも意味があって、悲観的に考える必要は全くないのです。乗り越えることができたら、次のステージが開けるのです。

しかし、イップスにかかってそのまま放置していると、その期間が長ければ長いほど、克服に時間がかかります。それは、イップスになったことで、フォームをかばう、無理な動きが癖になってしまうからです。また、思考も固定観念になってしまう可能性があります。

もう一度申し上げます。イップスになっても、うつになっても、決して悪いことだと思う必要などありません。いい加減にやっている人は、イップスにはならないのです。実際のところ、能力が高く、思いが強い人にイップスが出る傾向があります。

そしてもう一つ重要なことは、自分の意思でイップスを克服したいと願って私のところに来た人は、早く克服しているということです。しかし、人に言われて無理やり来た人は、イップスにかかってしまったことに対応できず、克服するのが難しいという実情があります。

心から受け容れる

イップスを心から受け容れる。この「受け容れる」という言葉について考えてみましょう。私は「入れる」ではなく「容れる」と書きます。これは受容の容です。これが実はとても大切なことなのです。

ここで一つの例を挙げてみましょう。

小さな子供が「頭が痛い、痛い」と泣き叫んで母親に訴えています。びっくりして心配する母親は、「お医者さんに行こうね」と子供に言うのですが、子供は嫌がります。「だって、お医者さんが嫌いだから。注射も怖いよ」。

この場面を見る限り、子供には病院に行くことの受け容れができていない状況です。それでもこのまま、「痛い、痛い」と泣いているだけなら、何の進展もないばかりか、手遅れになってしまう危険性もあります。

しかし、この子供が医者も注射も受け容れることができたなら、あとは適切な治療を受け、快復が可能になります。

イップスも同じなのです。まずは、その受け容れができないと、乗り越えられません。イップスになった自分は、かけがえのない存在です。そして、イップスを乗り越える自分も自分自身なのです。これは、誰にも代わってもらうことはできないのです。

ここにも、イップスとうつ症状の類似性があります。イップスになった人やうつ症状が出た人の中には、「監督の指導が間違っていたから、イップスになったのだ」「小さな頃、虐待にあったから、私は今うつになったのだ」と言う人もいます。

しかし、監督が間違った指導をしたとしても、すべての選手がイップスになるわけではありません。また、幼い頃虐待にあったすべての人がうつになるとは限らないのです。

それは、自分自身の観念やものの観方によって違う方向に行ったから、イップスになったり、うつ症状を引き起こしたと考えられないでしょうか。要は、このような状況にあっても適応できれば、乗り越えられるのです。

例えば、いつも厳しい指導を行い、怒ってばかりの監督がいたとします。この監督を受け容れることができるでしょうか。

そこで、「いつも怒られてばかりいる。だけど、本当に僕たちのことを思って、厳しい言葉をかけてくれるのだ」というものの観方、考え方に変えられるなら、すでに受け容れができる段階にあるといえるでしょう。

一方で、どうしても監督のやり方に反発してしまい、受け容れられない人もいるでしょう。

イップスはギフトなのです。もし、受け容れができる人なら、このギフトを開けることができます。受け容れができるなら、乗り越える方法も見つけられるはずです。だからこそ、イップスになった自分も受け容れる、今の自分を知ることが一番大事なのです。

ひと口に自分を知る、といっても難しいかもしれません。もっとわかりやすい言い方をすれば、ありのままの自分を受け容れるということです。あるがまま、ありのまま、こういう自分も自分じゃないかと思うことです。良い面も悪い面も全て受け容れてしまうということです。

できる自分もいいけど、嘘をつく自分も自分なのです。嘘をつく自分が嫌だと思うようになると、そんな自分を認めたくないという規制がかかって、その状態を我慢することになります。

人が嘘をつくには、何らかの原因があるはずです。「どうして私は嘘をつくのだろう」と考え、自分と向き合ってほしいのです。

そのうちに、「練習をやりたくなかったから、頭が痛いので休みますという嘘をついたのだ」とか、「あの人と会いたくなかったから、用事ができたなんて嘘をついたのかもしれない」といったことがわかってきます。

最初、嘘は無意識のうちについたかもしれません。嘘をついて練習をさぼれてラッキーと思うでしょう。

しかし、そういう時に限ってチームのレギュラー発表があったりするのです。そして自分は選ばれずに、自分よりも実力が下の選手が選ばれていたとします。そうなると、練習をさぼった自分のことはさておき、選ばなかった監督を恨みます。しかし監督にしてみれば、練習を休む人間よりは毎日確実に出てくる人間を選ぶのが当然でしょう。

そこで、初めて練習をさぼった自分と向き合うことになります。ここから、なぜ嘘をついてしまったのか、自分を振り返り反省するきっかけがつかめるのです。

練習を休んだのは、たまには友人たちと遊びたかったから？　彼女とデートしたかったから？　トレーニングをやることがしんどいから？　優先順位をつけていくうちに、本当の自分の気持ちが見えてくるかもしれません。

そして、「ああ、僕は今、チームのあいつと顔を合わせたくなかったんだ」などと、ふと自分の気持ちに気がつく時があります。その時、初めてありのままの自分が受け容れられるのです。

さてこの時、本人は本当の自分をどのように感じているのでしょう。こうした状態が、「腑に落ちる」というのではないでしょうか。自分で納得できていなかったら、腑に落ちてはいないのです。

時に人は、頭では受け容れたつもりになることがあります。ところが、この状態は

「腑に落ちてはいない」のです。「腑に落ちた」時というのは、心で理解できた瞬間です。

クライアントのAさんは高校に入学した時、母親から初めて、「私はあなたの本当の親ではないのよ」と言われました。

その時Aさんは、怒りがこみあげてきました。「なぜ？　今まで母親だと思っていた人が赤の他人だなんて許せない！」

「そう言われた時、どう思ったの？」と私が聞くと、Aさんは「ムカついた」と答えました。

「そうか、ムカついたんだね。だけど、その時の気持ちは、どのように感じていたのだろう？」

Aさんはしばらくしてから次のように言いました。

「そんなに大事なことを、なぜ今まで私に言ってくれなかったのか、悲しかった」

ここで、Aさんの気持ちに注目してみましょう。

母親に対してムカついたのは、「怒り」という頭で考えた思考です。しかし、「怒り」

の前に、本当にAさんが感じていたのは、「悲しみ」という感情だったのです。

この感情をスルーしてしまっている人が多いのです。「悲しみ」が「怒り」にすり替わっていたことに気がついていないのです。

けれども、カウンセリングで本当の自分と向き合い、本当の気持ちに気づくことができると、楽になります。

Aさんの場合は、「悲しみ」の感情に気づいたことで、さんざん泣いた後でようやく楽になれたのです。

「怒り」の仮面の下に「悲しみ」があることもある。その仮面の存在は、当人もなかなか気づかない！

予期不安を手放す

Bさんは、仕事を辞めて新たに職探しをしています。ある時私は、「本当に仕事につきたいと思っているの？」と聞いてみました。すると、Bさんはしばらく考えてから、答えました。

「いや、本心は仕事につきたくないと思っています」

「どうして？」と私は問い返しました。

「前の職場では人間関係が険悪で、それが嫌になって仕事を辞めたのです。だから、また同じことが次の職場でも起こるのではないかと思うのです」

このようなBさんの不安を、予期不安といいます。

「でも、やってみないとわからないのでは？　次の職場で再び同じことが起こるかどうかはわからないよね」と私。

まだ起きてもいないことを考えると、不安しか出てきません。その不安を抑えようとするから、余計に不安は増大するのです。働きたくないのならそれでもいいのです。でも、なぜ働きたくないのかという理由を自分で理解していないと、次のステップに進めないのです。

例えばケガをしていて働けないなら、ケガを治しさえすれば、次の仕事を探すことができます。でも、働きたくないというのは、自分の意思です。それを意識しているのだから、顕在意識に入ります。これを明確に意識すると、「なぜ働きたくないのか」がわかってきます。そして、はっきりと理由を考える習慣ができてきます。

イップスも予期不安なのです。またパニック障害と同じでもあります。「また同じような事態が起きるのではないか」「また暴投するのでは」「次も打てなくなるのでは」という不安が、後から後から出てくるのが一番苦しいのです。

パニック障害は、電車に乗っている時などに突然起こる症状で、過呼吸になることもあります。一度このパニックを体験すると、次も電車に乗っている時に起こるのではないかと不安になります。そして、次第にその不安が増大し、電車に乗ることもままならなくなってしまうのです。

一般的に過呼吸では、吸うことはできるけど、吐くことができなくなるのです。これはイップスの語源「(子犬などが)キャンキャンと吠える」と通じています。イップスも、言いたいことを言えない(吐き出せない)ことから苦しくなります。イップスは脳がパニックを起こしている状態です。

予期不安は、監督や指導者、あるいは親が言う言葉によって引き起こされてしまうケースもあるので要注意です。私はいくつかの言葉をNGワードと呼んでいます。それは、どのような言葉なのでしょうか。

その代表例は「完璧に」「普通に」「ちゃんと」「うまく」などです。スポーツの現場に限らず、あらゆる場面で、こうした言葉は頻繁に使われています。

監督が選手に「ちゃんと打てよ」と言ったとします。でも、選手は「ちゃんと」の意味を理解できているでしょうか。

親が「普通にやればいいのよ」と言います。子供は「普通って何?」と思うのではないでしょうか。

こうしたNGワードは、脳が具体的にイメージすることができないのです。そのため、言われた方はよくわからないのです。

「監督があぁ言っているけど、何を言っているのかわからない。何をしていいのかもわからない」。そうした不安が増大し、最悪のケースだと脳がパニックを起こしてしまうのです。

「うまく」という言葉を使うなら、「カーブを投げる時に、腕の力を抜いてうまく投げる」というように、具体的に表現する言葉が必要です。指示を出すのであれば、できるだけ選手がクリアにイメージを描けるように伝えることが大切だと感じています。

脳で具体的にイメージできない言葉によって、予期不安を引き起こすことがある！　良いイメージをクリアに描ける言葉が大切。

もちろん、全て指示してしまうと、自分自身で考えられなくなってしまいます。しかし、必要な時に必要な言葉をかけることは、スポーツに限らず、親子の間、職場での人間関係においても、大きな意味を持ちます。

あいまいな言葉のかけ方一つで、相手の予期不安を増大させてしまうおそれがあることも覚えておきましょう。

イップスと勘違いしているケース

私のイップス研究所には、全国からイップスで悩む選手がたくさん来られますが、中には「なんちゃってイップス」の方もいます。

例えば、プレーがあまりうまくない選手がいます。野球部に入ったけれど、思うようにうまくプレーができない、レギュラーになれない、試合に出られない。それをイップスのせいにします。

そのような場合、野球を好きではないのに親にやらされている、親の夢を押し付けられていることが多いのです。本人はやる気がないので、わざとイップスのせいにして、辞めようとします。

また、素晴らしいボールを投げる選手もやって来ます。「どこがイップスなの？」

とこちらが疑いたくなるような選手です。そのような選手は、完璧を求めるあまり、100パーセント思い通りの投球や送球ができないと納得できないのです。

このようなケースも、一番大切なことは、そのスポーツ（野球など）が本当に好きかどうかなのです。何を求めているのかを感じ取れる心の余裕や、ゆとりがあればいいのに、と思います。心から気づくことができれば、自分なりのコツもつかめるのではないでしょうか。そのスポーツを心から好きであれば、厳しい練習も苦ではありません。たとえミスをしても、次に繋げるコツをつかめるのではないでしょうか。

今まで自然にできていたことができなくなるのが、イップスです。そして、そのタイプは様々に異なります。

どうやって乗り越えるのかは、自分を知ることから始まるのです。環境による原因など、何が要因なのかを知り、まず受け容れることです。

場合によっては、そのスポーツが自分に向いていないと自覚できることも大事です。それがわかることによって、逆にイップスを乗り越えられることもあります。時には、休む、辞める、種目を変えるという決断も大事なのです。

第4章

これで、イップスを克服できる！

「自然体」で緊張を解こう

イップスの症状が現れる時に見逃せない事実は、心身が「緊張」している傾向があることです。

スポーツの現場で、試合などの「ここ一番」という時、緊張することはよくあります。特にイップスによってこうした緊張の度合いが高まるのは、本心は「やりたくない」という気持ちがあるからです。

人は緊張すると、息を止めてしまいます。息を止めると体が動かなくなり、余計な力が入るようになるのです。そしてさらに緊張感が高まり、通常より汗が多く出るようになります。その間、頭は真っ白な状態です。

イップスを克服することは、一般に考えられているほど難しいことではないのです。

意識を変えるというのはなかなか難しいのですが、脳のしくみさえ理解できれば、無意識の部分をできる限りケアして楽になることができます。

そして、その人に合った技術を身につけることさえできれば、克服への壁はぐんと低くなります。

技術は決まった型ではありません。その人の個性に合った身体の使い方を習得することが大事です。骨格、関節、筋肉の付き方、それら全ては、個人個人違うわけですから、技術もその人オリジナルのものになります。その人の技術の不具合を見つけ出し、修正していけばいいのです。

自然に投げればいいのに、不自然に投げ

自分にウソをつかず、
心身の緊張を解いて
自然に動こう！

るから、ますます自分のフォームがわからなくなってきてしまうのです。

うつも同じことが言えます。自然に生きればいいのに、不自然に生きようとするから、うつになるのです。

イップスの克服は、まず本来あるべき姿、自然な形に戻すことです。そうすれば、9割の選手は克服できます。でも残りの1割の選手は、あきらめてしまうのです。その気持ちの裏に、このスポーツが好きではない、続けたくないという本心があるケースです。

無意識を整理しよう！

私は長年にわたり、イップス研究所で多くのクライアントに接してきました。その中で、イップスに悩むクライアントにうつの症状があるかテストを行うと、７割がその傾向を示していました。

そこで、うつ状態をケアすると、大体はイップスを克服できます。そして再び能力を発揮できるようになるのです。

うつの状態をケアすることで、例えばピッチャーだったら、キャッチャーが構えたところに投げられるようになります。10球中８球は可能になるのです。さらに、無駄な力を入れなくなるので、楽に投げられるようになります。

イップスにかかる、かからないに関わらず、スポーツ選手は自分の身体を知ることが重要です。それは、自分自身を知ることです。

自分を知らないと相手のことも理解できません。自分のことがわかるようになると、相手の心理も読めるようになります。野球のピッチャーなら、バッターの心理が読めるようになるのです。

私のイップス研究所には、いろいろな選手たちがやって来ます。中には、自分はイップスだとは認めていないのだけれど、監督に言われたから、親に言われたから来たという人もいます。

時には、本当にイップスを克服したいのか、自分の気持ちがよくわからないという人もいます。「本当に克服したいの？」と私が聞くと、自分自身も何と答えていいものか、「わからない」という言葉が返ってきます。

その選手の心の状態はどのようになっているのでしょうか。おそらく無意識がいっぱいになっており、心の余裕もないのでしょう。心のブレーキがかかった状態なので、体にも抑えがかかってしまっているのです。

そうすると、なかなか次の一歩が踏み出せません。ここに、イップスを乗り越えられるか、あきらめるかの分岐点があるのです。

イップスを本当に乗り越えたいと思っている選手は、自分がイップスであることを受け容れられたからカウンセリングを受けに来るのです。「イップスにかかっていることを絶対に人に知られたくない。恥ずかしい」と思っている自分を受け容れているのです。「何とかしたい。どうしてもこのスポーツを続けたい」と思って来る選手は、乗り越えられるものなのです。今までの私の経験から見て、その確率は８割程度と言えます。

しかし、親や監督に言われてしぶしぶやって来たり、本心は行きたくないと思っている選手には、自分の意思が出てきていません。こうした人たちは、現時点の状況について、悲しくも思っていないし、何とかしたいと考えているわけでもないのです。

私のところにやって来た大学野球チームのピッチャーの話をしましょう。その選手は来所する前日まで、10メートルの距離を投げられなかったといいます。そしてキャッチボールで10球投げるうち、９球が暴投だったとも言っています。

私が見ると、その選手はイメージを持って投げようとしているが、体はそれと全く別の動きをしており、まるでロボットのような動きに見えました。

そこで、私がスポーツ催眠を施すと、椅子の上で踊り出しました。これはカタルシス（浄化作用）が起きているのです。心の中、体の中に溜まったものがどんどん出ている状態なのです。

催眠が終わり目が覚めた時、本人は踊っていたことについての記憶がありません。膝にかけていた毛布がずり落ちたことにも全く気づいていないのです。

彼の体の状態は、細胞がカチカチに固まって血液の流れが滞っていたのです。同じく、気も体の中で停滞していました。しかし、スポーツ催眠で無意識の部分が楽になった結果、この気がどんどん流れることで、体の中が活性化していったのです。

貧乏揺すりもこれとよく似ています。無意識のうちに膝を揺することで、イライラ感を逃しているのです。


また、高校、大学の野球部で活躍し、現在は社会人チームのピッチャーをしている選手がイップスにかかり、スポーツ催眠を受けに来所した時の話を紹介します。

彼の最大の苦しみは、投げ方がわからなくなってしまったことでした。その背景には、コーチや監督などからいろいろなアドバイスをされ、ますます自分の投げ方がわからなくなってしまったということがありました。

しばらくの間、精神状態もうつに近いものがあったようです。

ここでスポーツ催眠を行うと、無意識でいっぱいになった頭を整理することができたのです。そして、本人から「感覚がいい」といった言葉が飛び出しました。

セッション後に軽く投球練習をすると、汗がネバネバしていたそうです。スポーツでかく汗というのは、本来サラサラしています。今まで我慢していたもの、溜めこんでいたものが全て汗となって外に流れていったのです。

スポーツ催眠とは、まずリラックスして無意識を楽にさせてから、意識して行う練習方法を、本人に覚えさせる方法です。そして意識して練習したことを無意識の中に入れることで、だんだん元のフォームや動きを取り戻すようになります。

私の研究所と提携している「ベースボール整骨院」でスポーツ選手のケアにあたっている院長の話によると、筋肉の白くなっている部分は血流が悪くなっていて、赤くなっている部分は血流が良いそうです。

血液がうまく流れる状態にするには、リラックスするのが一番良いということです。

例えば、その部位を揉んでも白いままなのですが、本当に力を抜いてその部位、例えば腰を意識して深呼吸をすると、赤くなるというのです。深呼吸で酸素を取り入れることによって活性化を図れるのです。

ある時、サーブができなくなってしまったというプロの女子テニスプレーヤーがいました。半年間ほど、スランプ状態が続き、私のもとに来ました。

カウンセリング、スポーツ催眠の後、私がフォームを見たところ、彼女はサーブのボールを上げることができなくなっていたのです。ボールが上がらず、落ちてしまいます。見た目からして、苦しい上げ方をしているのがわかります。

非常に力が入っていたので、「横でなく真正面で上げてみたら？ その方が楽なのでは？」とアドバイスしました。

彼女は、以前好調だった時の自分がプレーしているビデオを全く見ていないと言います。無意識がいっぱいだと、頭の中から良い時の記憶が消え去り、フォームも忘れてしまっているのです。また、良い時の感覚も忘れています。このようないっぱいいっぱいの状態が続くと、習慣化されてしまいます。

良い時のことを思い出して、過去を振り返ってみることも大切なのです。過去の試合のビデオを見て、今のフォームと何が違うか、向き合っていきます。

そうすると、また新たに自分の体に合ったフォームを考え、その方法論を探せるようになります。

一方、イップスを乗り越えることをあきらめる選手の中には、今まで親に無理やりやらされていたけど、そのスポーツが好きではないことに気づくケースもあります。

または、自分の能力が今やっているスポーツ以外にあると考え、違う方向性を見出す場合があります。

自身の好調時のビデオを見ながら、今の自分としっかり向き合おう！

スポーツ催眠では、こうした自分の本心に気づくこともサポートします。自分の正直な気持ちと向き合えるようになるのです。

イップスになり、それがわかったということは、結果、本人にとってはそれを気づかせるためのサインだったのです。

イップスになって、打ち込んでいたスポーツをあきらめた選手の多くは、そのことを忘れたいと思っています。そして、自分を追いやってしまっているのです。これは、せっかくのギフトを開けずにいるということです。

無意識がいっぱいいっぱいになってしまうのは、楽しくないことをしている時です。または、していることを楽しくないと思い込んでいるからです。心からウキウキワクワクして行うのではなく、頭で「〜しなくては」と考える。これが無意識をいっぱいいっぱいにしてしまうのです。

目の動きこそ、身体の動きのカギ！

これまで、イップスとは何かという説明に始まり、脳や心のしくみなどについてお伝えしてきました。また、ものの観方や考え方、受け取り方といった観念的な部分についても説明してきました。

ここで、今までの内容について少しの間、振り返ってみてください。何か感じたもの、なぜか心に引っかかっているものはあるでしょうか？

この何か感じた感覚、引っかかっているモヤモヤしたもの、その存在が気づきになり、イップスを乗り越えるコツに大きく影響してくるのです。

ここからは、少し技術的なことについてお話していきます。

観念的なものの観方、考え方を変えるだけでイップスを克服できる選手も少なくありませんが、さらに、身体のある一部分（後述）の動きをプラスすることで、より自然な動きを取り戻せるようになります。

自分自身にとって一番楽で自然な動きを取り戻せると、感覚としてコツがつかめ、結果的にイップスを乗り越え、克服できるようになります。

これからお伝えする内容は、今までカウンセリングに来られた選手や、講演の来場者、またプロ野球選手においても「今までそのようなことは聞いたことがない」と言われるのですが、ごくごくシンプルなものです。

技術面といっても、「このように投げる」「あのように打つ」「こうした体の動かし方をする」という説法ではありません。今まで説明してきたように、型にこだわってしまうと強固なイメージを作る一方、心や身体はバランスを崩してイップス症状になりかねないからです。

スポーツの現場では、監督やコーチからいろいろ指導されるでしょう。例えば野球なら、「身長を活かして肘を上げなさい」「体重を利用して下半身に意識を向けなさい」「キャッチャーミットをちゃんと見なさい」「ミートのポイントをここで打ちなさい」などなど。こうした技術面でのアドバイスが、選手に対して多く言われていることでしょう。

ここで、監督や指導者が気をつけることは、言葉というのは暗示になってしまうということです。

イップスを乗り越えようとしている選手に対して中途半端に言葉をかけると、かえって悪影響を与えてしまう可能性があるのです。型にはめるのではなく、自然に動けるコツをつかんでもらうことが大切です。

さて、人間はスポーツをしている時はもちろんのこと、日常生活においても、何か行動を始めようとした時、まず最初に動くのは身体のどこのパーツでしょうか？

答えは目です。

まずは最初に、目で目標を捕えますよね。目の使い方次第で、身体は自然に動いてくれるのです。

それでは、試しに次のことをやってみてください。

まず、目だけを左から右に動かしてみてください。そこから、さらに右に動かしてください。もっともっと右に動かしてみてください。

どうでしょうか？　目を移動することで、首も自然に回ってしまうのではないでしょうか。

目の動きとともに首が動けば、上半身も自然に動くようになります。そして、下半身も連動して自然に動いていくものなのです。そうです、すべて自然についてくるのです。

これはなぜでしょう。その理由は、身体の構造上、楽だからです。

目の動きに身体が逆らうことは、決して楽ではありません。我慢して不自然な動きを続けることによって筋肉細胞や神経細胞に不具合が起こり、血液循環も悪くなってしまうのです。

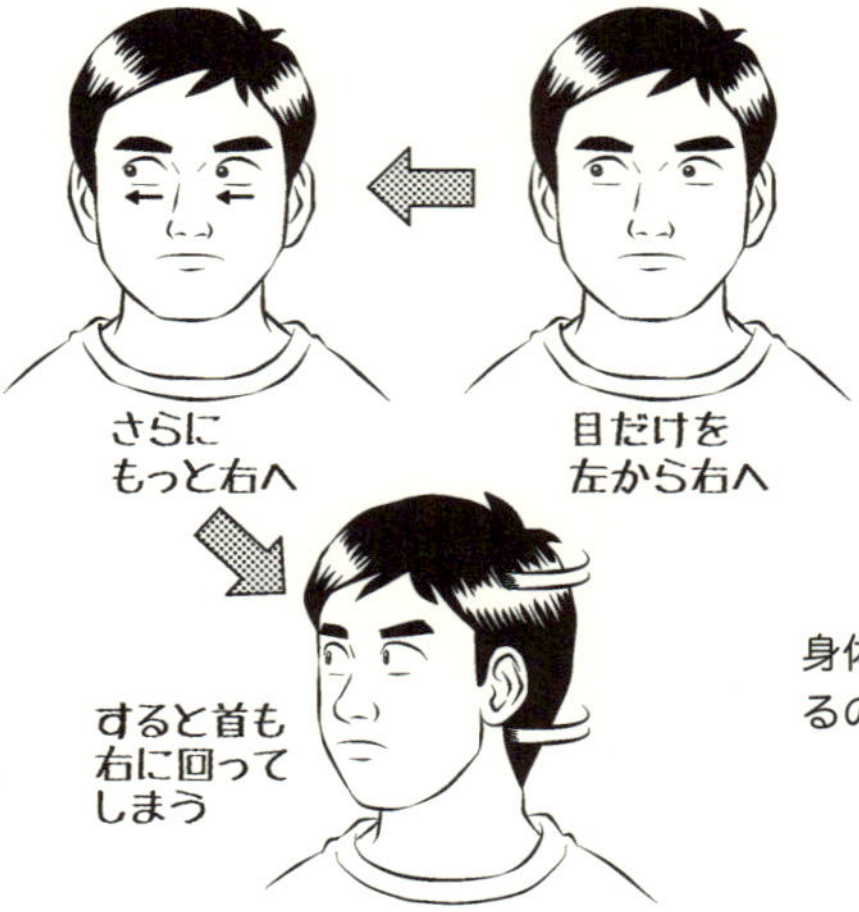

身体の動きをリードするのは、目の動きだ！

以上は、どのような動きにも同じことが言えるのですが、「ひねり」の動きを多用するスポーツの場合は、特にそれが顕著です。

野球の投球に例えてみると、コントロールの悪い選手は、目をうまく使えていないケースが多いのです。そこから、上半身、下半身にも不具合が生じているのです。

ピッチャーの場合、ピッチング動作の過程で、並進運動から回転運動に移る段階においてストライクを投げようという意識から、キャッチャーを両目で見てしまうことがあります。

また、内野手の場合は、捕球後に一塁手を両目で見てしまうことで、体の開きが早くなります。

その結果、投球、送球時に体重が前足にかかり、突っ込んだ状態のままバランスを崩して投げてしまうのです。少しバランスを崩したまま投げようとして、腕を本来のトップの位置に持っていけないがゆえに、無意識に腕や指に力が入ります。そして、ショートバウンドになったり暴投したりすることがあるのです。

本人がこの状態に気づけず、潜在意識（無意識）の中に蓄積されていくのです。

まずは、目を自然に動かすことで上半身の動きと下半身の動きを連動させながら、自然な動きを取り戻していくと良いでしょう。

　右投げピッチャーの場合、左足を上げて回転動作に入る時、両目でキャッチャーを見ているように思いますが、無意識に左目7割、右目3割の割合で見ています。ボールを離すリリースポイントの時に、無意識に左目から右目に切り替えているのです。

　ボールを使うスポーツは、ほとんどがひねりのスポーツだからこそ、先に前に位置するほうの目で見てから後ろの目へ切り替えて、ひねりを作っているのです。

　ピッチャーの中には、コーチから「ボールを長く持て」と言われたことがある人が多いかもしれません。ボールを長く持つこ

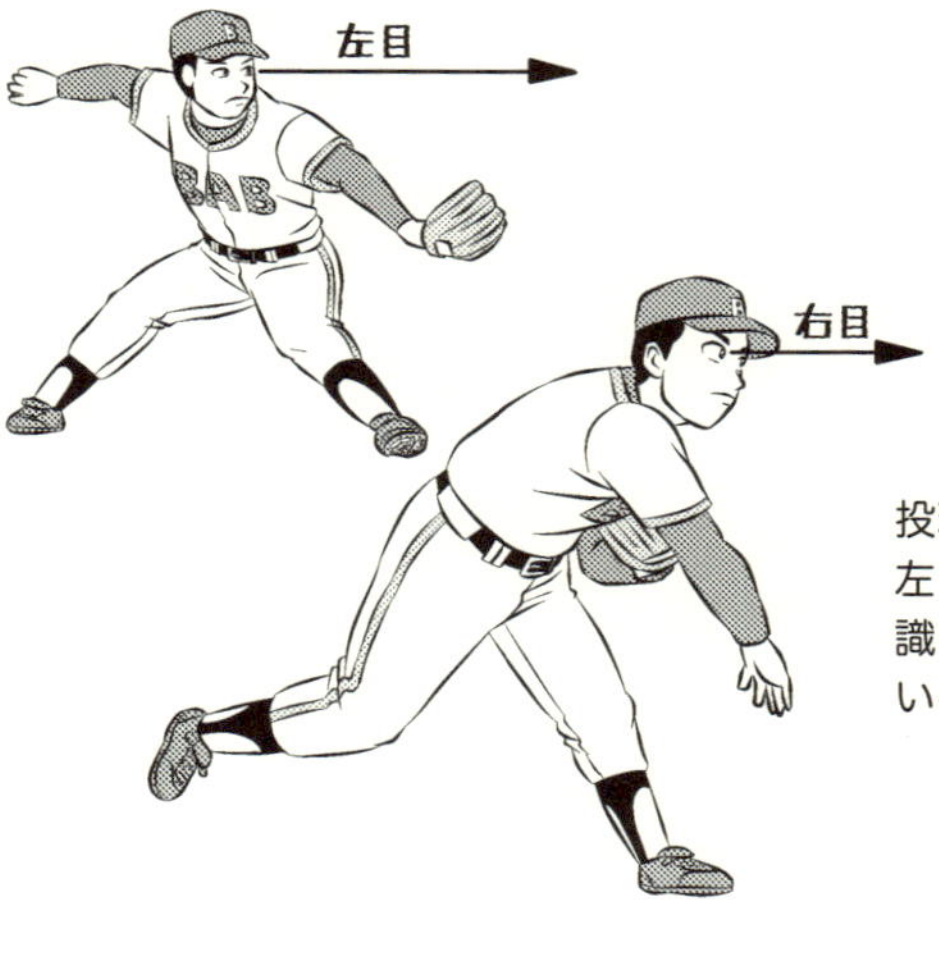

投球動作の中で、左右の目を無意識に切り替えている！

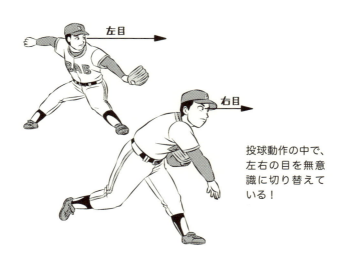

との意味やメリットについては、みんな知っているものです。しかし、言葉は人間の体の細胞にまで行き渡るので、「ボールを長く持て」「ボールを前で離せ」と言われると、必ず体が開き、体重が前にかかることになります。なぜなら、言葉の暗示にかかっているからです。

体重を軸足に乗せたまま、左目でキャッチャーを長い時間見ていられれば、ボールを長く持てるようになります。つまり、できるだけ前方に移動してから右目に切り替えれば、自然とボールを長く持てるのです。

このように、目の使い方によって体が自然に動いてくれるのです。プロ野球の選手からも必ず聞かれることですが、野球の世界において大切なのは、タイミングです。左目から右目に切り替えるタイミングが重要になってきます。

キャッチャーにイップスが多いのは、つねに正面を見て、左目から右目に切り替えるタイミングが早い状態で、ピッチャーに返球することが多いからです。これは、送球フォームが潜在意識に入ってしまい、癖になっているのです。

このような目の使い方は、野球に限らず様々なスポーツにおいても有効な方法です。

ゴルフやテニス、卓球のサーブやフォアにも役に立つものであり、ぜひ一度試してみることをお勧めします。

ある卓球選手の例を挙げてみましょう。

かなり言いたいことを遠慮して溜め込んでいたことに気づいた彼は、私からのアドバイスによって、「言いたいと思ったら、少し言ってみよう」と心がけたそうです。そのかいあって、かなり動きやすさを感じてきたということでした。

しかし、「変な癖がついてしまっているのか、何が悪いのかわからないけど、まだフォアハンドがイマイチなんです」と言ったのです。

そこで、高校総体（インターハイ）に出た時のビデオを見て、動きをチェックしました。そこで発見したのは、相手選手の動きに比べ、正面を向いている時間が長く、身体のひねりが少ないことでした。

「大切な試合だから、しっかり打たなければ」という思いからか、両目で相手を見据えて構えたままの状態からラケットを振っていたのです。

そのため、バックハンドは容赦なく体をひねるのでキレイに打てるのですが、フォアハンドの時は体が正面を向いたままの「手打ち」になっていたのです。

自分でビデオを見ていた時には気づかなかったのでしょう。何がどうなっているのかわからないけど、うまくいかない。という状態ではどうにもなりません。

今、自分がどんな気持ちでどんな状態なのか気づくことから、「それならば、このようにしていこう」という解決方法が見つけられるものなのです。

その後、彼は目の使い方や全身を使って打つことを意識して練習するようになり、格段に変化しました。


無意識のうちに、半身ではなく正面を向いていると、全身を使ってフォアハンドが打てない！

「利き目」の使い方を知ろう！

私は、最近まで社会人軟式野球でプレーし、神奈川県大会優勝投手になったこともあります。しかし実は、大学の4年間は野球部に所属しながらも1軍に入ることなく、ひたすらボール磨きで終わりました。

その頃、ベンチを温めつつ何をしていたかというと、試合中ずっと一人一人の選手を観察していたのです。関節の動かし方、目の動かし方などです。特にうまい選手を見つけると、ずっとその人を観察し続けました。なぜ、このプレーで足が一歩出るのか、なぜこの時に、右腕が上がるのか……、それは細部に至るまでつぶさに見ていったものです。

そこで気づいたのは、利き目の存在でした。人にはそれぞれ利き目があり、それを理解して使いこなすことで、プレーを大きく左右することがわかったのです。

まずは、簡単に自分の利き目を知る方法を紹介しておきましょう。

近い目標物（自分の人差し指など）と遠い目標物（ポスターや建物など）を両目で一直線上に重ねて見た後、左右の目だけで見た場合に、ずれが少ないほうの目が利き目です。


例えば、利き目が右目の選手の場合は、左バッターとしてプレーすれば能力を発揮しやすくなります。それはなぜでしょう。

左バッターは、ピッチャーのほうを向いた右目で主にボールを見ているからです。もし、左バッターで利き目が左目の場合、利き目でボールを見ることが難しくなって

左バッターや左ピッチャーは、視線方向を右目で見やすいため、利き目が右目の選手に適している。

しまうのです。

以前、ある左バッターがレフト方向へ広角に打てるように練習を重ねたことがありました。しかし、その練習によって利き目が右目から左目に変わってしまったことに気づいていませんでした。すると、どんなに頑張ってもライト方向へ引っ張れなくなり、レフト方向にしか打てなくなってしまいました。

私は、その選手に次のようなトレーニングを提案しました。左目に絆創膏を貼ってバットを振る練習です。それをしばらく続けさせたのです。結果、試合の最後にホームランが出ました。

他の例として、利き目が右目のピッチャーは、左ピッチャーとしてプレーすれば能力を発揮しやすくなります。なぜなら、利き目がキャッチャーのほうを向いているからです。

自分の体の構造を知り、利き目の存在に気がつくと、自然な体の動きに転換することができます。

第5章

メンタルが眠れる力を呼び覚ます！

「〜すべきだ」から「〜しよう」へ

人間はまず何かを感じ、考えてから行動する生き物です。そこに言葉や表現といったものがついてくるのです。

順番にしてみると、最初に感じるがあり、気持ちがあって、次に頭で考える思いや思考が生まれ、そして言葉、表現、行動として現れるのです。

それと合わせて、ものの観方や考え方、受け取り方が、このプロセスの中で重要な位置を占めているのです。

人生のあらゆるシーンの中で「〜すべきだ」「〜しなくてはいけない」「〜でなければならない」という言葉や思いの観念にとらわれる、または執着する時、能力が減退を始めるといわれています。約60兆個ある人の細胞が減退を始めることになるのです。

けれども、逆に「〜したい」「〜しよう」といった自分から発する思いなら、脳が活性化し始めるのです。

海外のスポーツアカデミーなどに貼られているボードには、「〜しなくてはいけない」という文言の上に×が書かれていることがあるようです。これは能力を減退させるから、といったシンプルな理由からです。

有名な例として、あるプロゴルファーがパターイップスだった時のエピソードがあります。不振が続いていたその選手に、アメリカのメンタルトレーナーが付きました。そして、選手の「〜のように打たなくてはいけない」という言葉の癖を「〜のように打ちたい」と改めさせ、自分の気持ちを全面的に出し、ポジティブな言葉を言う

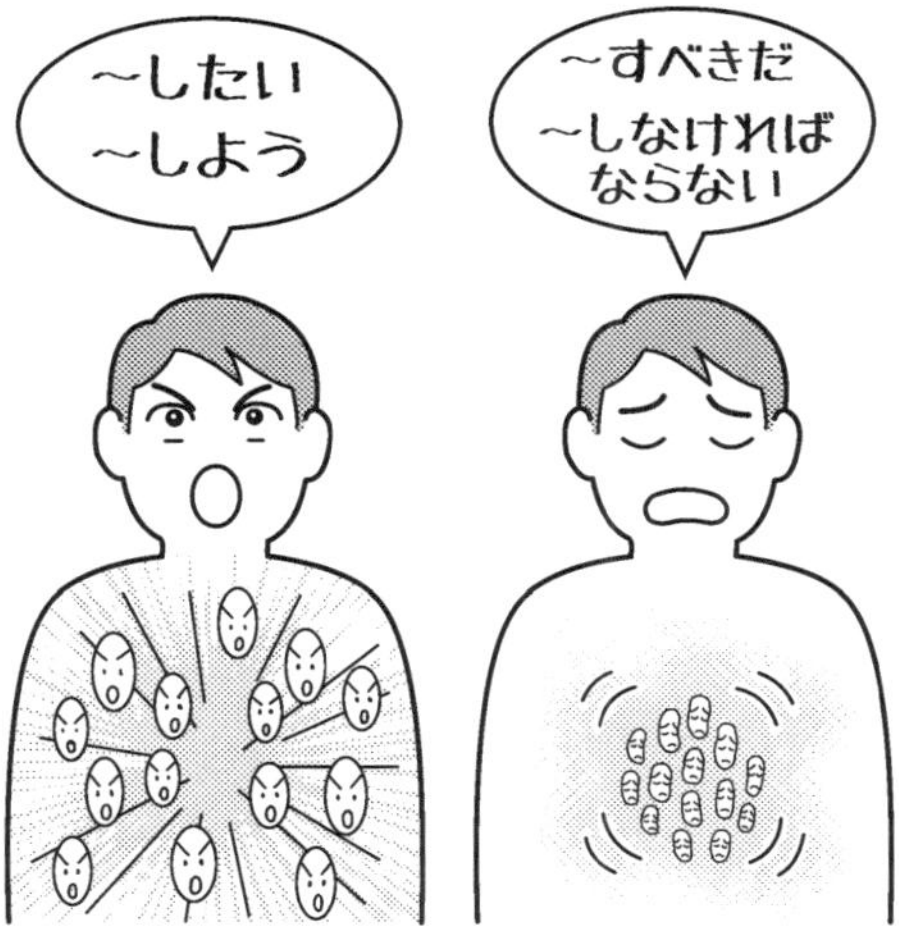

ちょっとしたものの考え方が変わるだけで、約60兆個の細胞が劇的に変化する！

ようにさせたのです。

つまり、「〜しなくてはいけない」という選手の思考そのものを変えさせました。そこから、選手のプレーに大きな変化が現れ、その年、最終的には世界ランキング1位になりました。


それではなぜ、「〜しなくてはいけない」という思いが細胞の減退に繋がるのでしょうか。

この思いは、本来したいと思っているイメージではなく、無意識にある不安のイメージを脳に描いてしまうからなのです。

人が「〜しなくてはいけない」と思う時、「〜しないと大変なことになる」といった不安しかありません。その思いには、人に何かやらされている感覚があり、それは義務感であって、自分の意思がありません。

また、「〜しなくてはいけない」は結果を重視するあまり、完璧を求めすぎてしまうのです。

人間は生きていく上で100パーセント完璧に思い通りになることなど、まずあり得ません。思い通りにならない中で、意識できていない9割の無意識で感じ、考えながら行動していく生き物なのです。

けれども、「〜しなくてはいけない」と完璧を求めてしまうから、そこに葛藤が生まれ、不具合に繋がってしまうのです。

さらに、「仕事に行かなくてはいけない」「洗濯をしなければならない」という思いには、どこかやりたくない心があるのです。本当にしたいことであれば、「仕事に行こう」「洗濯しよう」といった肯定的な言葉が自然に出てくるはずです。

しかし、「〜しなくてはいけない」という言葉の裏には、何かそう思わせる要因が潜んでいるのです。だから、無意識のうちに言葉となって「〜しなくてはいけない」という言い方になってしまうのです。

心は気持ち、頭は思考であるから、こうした状況では、気持ちと思考の間に葛藤が生じているのです。人間は、習慣化、耐性化してしまう傾向があり、葛藤が癖となって身についてしまいます。これが、前述したゴミ箱の例のように、だんだん溜めこんでいくようになり、あふれ出た時は症状となって現れるのです。

このような状態は、うつの症状にもあてはまります。パニック障害や適応障害、不安障害なども、うつという大きなカテゴリーの中に入ります。この中で、イップスの症状に一番近いのがパニック障害です。

パニック障害は突然、症状が出るため、どうしていいかわからない大きな不安にかられます。イップスも「うまく投げられないかもしれない」「いつものサーブができないかもしれない」といった不安に襲われるようになるのです。

このような場合、その選手の周囲にいる能力の高い人たちや監督やコーチといった指導者は、「こうしたらいい、ああしたらいい」と良かれと思って指導します。

選手自身は、「何とかしなければならない」という思い込みが強く、言われたこと

複数の指導者から、別々のアドバイスを受けると、迷いが生じやすい！

を吸収するべく、どれがよいか試そうとします。

ところが、人間の脳には新しい情報を取り込む容量に限界があるので、容量オーバーになります。アドバイスを受ければ受けるほど、どれがよいかわからなくなり、迷いが生じるようになります。

そして、自分なりに理想のイメージを作りそれに合わせようとするのですが、実際に体はそのようには動かないのです。


その一つの例を挙げてみましょう。

ある時、私の研究所を訪れたイップスの選手に対して、私は「アンダースローで投げてみてください」と言いました。

ところが、本人はいつも通りオーバースローで投げます。そして、そのことを指摘しても、「そんなことはない」と言って、まったく気づいていないのです。

そこでビデオに録画して本人に見せると、アンダースローで投げていたつもりが、実際はオーバースローで投げていることに非常に驚いたのです。

なぜ、このようなことが起きるのでしょうか。

それは、体で動く感覚と、「こうして投げよう」と頭で考えるイメージが食い違っているからです。その結果、自分自身の感覚がなくなってしまっているのです。

スポーツの世界では、イップスに悩んでいると、選手生命は終わりだとされた厳しい時代もありました。なぜなら、イップスは治らないと思われてきたからです。

イップスに対処する必要性を知る監督やコーチが少なかったからともいえるのではないでしょうか。

イップスは克服できます。しかし、本人やそれをケアする人が、心理学の知識と運動技術をわかっていないと、まず不可能です。その両方がわかっていなければ、ケアは難しいのです。

本当の「自信」とは？

近年、サッカーの日本代表チームは、男女ともに世界の中でもトップレベルで活躍しています。

しかし、中田英寿氏らがプレーしていた頃、日本のサッカーは世界のレベルからみて、まだまだだと言われていました。当時のインタビューで、選手たちが口にするのは「勝たなければならない」「～には負けるわけにはいかない」といった言葉でした。

ところが今、世界的に活躍している本田選手や香川選手のインタビューを聞くと、彼らの答えは明快です。「勝ちます」「大丈夫です」「次は～します」といった言葉が次々と飛び出してくるのです。

彼らは今までやってきたトレーニングに自信を持っており、自分にも自信があるから、このように明確な言葉で答えられるのではないでしょうか。

では、自信とは何でしょうか。

「自信」という文字に注目してみてください。自分を信頼する、信じる、と読めませんか？　自分に自信がある時というのは、人に何を言われようが、何をされようが、さして大きな問題と感じないのです。

ところが、自信がない時は周囲の目が気になりませんか？　人からの評価を気にして、いつも何を言われているか気になって仕方ないのです。そして、そんな自分が嫌になり、さらに自信をなくしてしまうのです。

例えば、頻繁に嘘をつく友人がいるとします。あなたはその人を信用できますか？

「自信」を持つことは、“自分を信じる”こと。

一度ならまだしも何度も嘘をつかれたら、その人を信用するのはとても難しいと思います。友人を自分自身に置き換えてみてください。自分を信頼できないのは、自分に嘘をついている可能性があるということにお気づきになりましたか？

なぜなら、「～でなければいけない」と自分に嘘をついているからです。本当は行きたくないのに、「行かなくてはいけない」と思い込むことは、自分の心、気持ちに嘘をついているのです。この嘘が、自分への信頼に対して大きく立ちはだかり、ますます自信がなくなっていきます。

一方、自信のある人は、いつも「～したい」という思いがあります。そのためにどうするか、何をしたらそれが実現できるかといった方法を考えるのです。そして、言葉や態度、行動でそれを表現します。

そして何より、したいことをしている、考えたいことを考えている、実感と充実感が伴っています。思い込みではありません。実感があるのです。

しかし、「～しなくてはいけない」と思っている場合、心ではしたくないので、さまざまな迷いが心、頭の中に生じています。これでは、自分が本来持っている能力は出せません。常にこうした迷いを生じている状態が、無意識に存在しているのです。

そして何より、自分に自信をもって「～しよう」と決断することが、さらに「～できる」自信となり、したいことができる喜びを感じ、練習も試合も楽しくて仕方ないといった状態を生み出すのです。

もう一度、お伝えします。決して、頭（思考）だけに思い込ませるのではありません。自然にそうなってしまうのです。

こういった背景を考察すると、メンタルが弱いと言われる方は共通して、思考が強すぎることによって本来のメンタル力、能力を妨げていると言えます。

このような思考（思い）の強さが、自分を信じることへ向けられた時、どれほどの能力が発揮されるか？　どれほど人生に喜びを感じられるか？　皆さんも想像してみてください。

ではどうすれば自信がつくのかといえば、やはり日々練習や稽古を積み重ねていくことです。さぼっていれば、良いプレーや良い仕事はできないはずです。

意識（顕在意識）と無意識（潜在意識）の流れ

ここ一番！という時、能力が最大限に引き出される場合と、逆にエラーとして出る場合があります。これはどうしてなのか、明らかにしたいと思います。

例えば、私たちが話をしている時、話の内容自体は意識しています。けれども、意識している部分はわずか1割にすぎず、残りの9割はまばたきしたり、ふとほほ笑んだり、呼吸も含めて無意識の世界で行っています。

自分で「～しよう」と思うのは意識です。でも、無意識は脳が勝手に行っていることなのです。

面白いことに、脳のしくみとして、今まで、意識して練習してきたこと、意識して学んできたこと、意識して経験してきたものは全て、9割を占めている無意識の中に入ります。

無意識の中にはたくさんコンテンツがあり、呼吸や言葉や表現、行動、態度などがあります。そして、この無意識は潜在意識といって経験値になるのです。

意識と無意識に関わる例を挙げてみましょう。

あなたは折り鶴を折ることができますか？　女性の多くは、たとえ最近何年も折ったことがなくても、何となく折ることができるでしょう。ところが、男性の多くは、鶴を折ることができないのです。これはなぜでしょうか。

多くの男性は、あえて意識して鶴を折るという経験がほとんどありません。無意識の中に記憶が残っていないから、過去に1度くらい折ったことはあっても今はできないのです。あらためて教わらないと、折ることができないのです。

しかし、多くの女性は過去に意識して鶴を折った経験があります。心の中でその体験が眠っている、つまり、無意識の中に記憶が残っているから、久しぶりに鶴を折るという時でも、できるわけです。

これが、意識したものが無意識に入っていって、再び意識化、現実化されて出てきたケースです。

ません。けれども一方で、自由奔放な家庭環境に育った子供たちの中には、こうした枠の中に入れられることに反発する子もいます。

大人になって、会社の雰囲気が堅苦しく常に枠にはめられたように感じる人は、こうした状況に反発して、自分が会社のやり方を変えてやろうと思う場合もあります。しかし、言いたいことも言えず「ハイハイ」言っているイエスマンのようなケースは、自分の本心を次第に溜めこんでいきます。

再び話を戻しましょう。同じ練習をしていても、能力が引き出せないケースがあります。それはなぜでしょうか。前述した「脳のしくみ」のおさらいです。

「仕事に行かなくてはいけない」など、「〜しなくてはいけない」という考えは、ネガティブな言葉（イメージ）を脳に入れるのです。すると、不安な気持ちが強くなる一方、自信はなくなっていきます。

また、完璧を求めすぎるあまり、行きたくないのに行くことを、「行きたいはずなのだ」と無理に思い込もうとするのです。そこで脳は「お前は本当に行きたいのか、行きたくないのか」「やりたいのか、やりたくないのか」、どちらの指令を出していいのかわからなくなります。

人は耐性化、習慣化の傾向が強く、それが癖になるので、「あれもやらなくては、これもやらなくては」と思い込むようになります。

この時、無意識は迷いだらけの状態になっています。脳は、こうした思いをどのように処理していいのかわからないのです。不要なものは捨てればいいのに、なかなか捨てられません。だから、無意識の許容量がいっぱいいっぱいになると、何らかの症状としてあふれ出るのです。

今まで行ってきたことが経験値として処理されればいいのに、不要なものも一緒に溜めこむので、それが不安、緊張、恐怖を

いつも本心に従わないでいると、無意識（潜在意識）の中に迷いが溜まって、ネガティブな感情として出てきてしまう！

生み出すのです。

これをスポーツの世界にあてはめてみると、試合に出るのが不安になり、余計に緊張するようになります。無駄な力が入り、今までできていた動きができなくなるのです。野球なら、投げられなくなる、打てなくなる、イップス症状です。

この悪い連鎖により、次第にスポーツを続けることに興味を失います。そして、最後はあきらめる、辞めるといった結果になります。こうして、能力がありながら、多くの選手が去っていったのです。

もう一つ、意識と無意識に関する興味深いお話をしましょう。

よく汗をかく人の中で、自分が多汗症と思っている人は、そのことをとても嫌がります。でも、汗をかくことを気にしすぎると、さらに汗をかいてしまうという理論があるのです。

多汗症の人に次のような質問をしてみます。

「あなたは汗をかくのが嫌なのですか？　それとも、汗をかくのを人に見られるのが嫌なのですか？」

すると、大半の人は「汗をかくのを人に見られるのが嫌なのです」と答えます。そう思って、汗をかかないようにしようとします。

そして、汗をかかないようにしようと思った瞬間、脳は、汗をかいたところをイメージするのです。「汗をかいてはいけない、いけない」と強く思うのに対して、実際は多くかいてしまう、これを努力逆転の法則といいます。

類似例として、「明日は朝早く起きて活動するから、今のうちから充分に寝なくては」と思うと、ますます眠れなくなることもよくあります。

「汗をかいてはいけない！」と思えば思うほど、汗のイメージによって実際に汗をかいてしまう！

また、カウンセリングの現場では、アダルトチルドレンのケースが似ています。

例えば、アルコール依存症の親を持つ子は、「あんな親にはなりたくない」と頭の中で思いながら成長していきます。脳の1割の意識（顕在意識）ではそう思っているけれども、残り９割の無意識（潜在意識）の方では、つねにアルコールにおぼれた親をイメージしています。

そこで全身の約60兆個の細胞が、親のイメージに向けて動き出すのです。そして気づいたら、「親に似ているね。やっていること一緒だよね」と言われるようになってしまうのです。

実例！　弱小チームが開花したケース

２００９年、夏の全国高校野球大会での出来事です。

甲子園では、なかなか勝ち進むことの難しかった新潟県代表の日本文理高校が、決勝では名門・中京大学附属中京高校を相手に敢闘しました。

それ以前の日本文理高校は、甲子園はおろか地元の大会でもよい成績を残しているわけではありませんでした。私がメンタルトレーナーとして招かれたのは、そのような状況にあった頃です。

そこで、最初に手掛けたのは、選手一人一人のメンタルケアでした。そして、まず選手たちの「～しなくてはいけない」といった考え方を改めるように指導しました。

それからチーム全体の雰囲気が大きく変わっていき、あれよあれよという間に甲子園出場、準優勝という素晴らしい結果を打ちたてました。

決勝戦では惜しくも中京大中京に負けましたが、スタンドの観客は全員総立ちで、球場は大興奮に包まれ、「感動をありがとう」という言葉が聞こえました。高校野球の歴史に残る一戦となったのです。

中京ナインが勝って泣く一方、文理の選手たちは晴れやかな笑顔を見せてくれたのでした。片やスター軍団、片や雑草チームかもしれません。でも、これは実際に起こったことなのです。

メンタルケアを任された私が、選手一人一人の悩み事の相談や今の辛い状況をわかってあげたことが、選手たちの心の解放に繋がったのかも知れません。また、２年前からこの高校に関わってきたことで、選手たちからも安心感や信頼感を感じてもらえるようになっていたのだと思います。

神奈川県のある県立高校の野球チームも、私がメンタルトレーニングを行った学校の一つです。当初、県大会で２回戦コールド負けといった弱小チームでした。

監督に請われて学校を訪ねた私は、ここでも生徒たちに言いました。「『〜しなくてはいけない』といった考え方や、言葉に出すのはやめていこう」と。

そして、2日間チーム練習に参加し、目の使い方や簡単なピッチングのアドバイスを行いました。

その結果、その年の大会で、なんと神奈川県下ベスト16に残ったのです。神奈川県大会は参加校が多く、ベスト16ともなると強豪ばかりですが、その中でひときわ光っていたのがこの県立高校ナインでした。

練習期間中、まず選手たちの声掛けが変わりました。「〜しなくてはいけない」から「やろう」「そうしよう」という言葉がどんどん出てくるようになったのです。

勝てばベスト16に入るという試合では、最初7対0で負けており、コールド負けかもしれないと考えた人が数多くいました。けれども、その時の選手たちは全員、「何点リードされても負ける気がしない」と思っていたそうです。

そして、つねに全力疾走、ヘッドスライディングと、熱いプレーを見せてくれました。結果は、9回で大逆転し、11対9で勝利。

ネガティブな言葉を使わないようにして、「〜したい」「〜しよう」という言葉に変えることで、どんどん能力が引き出されるようになったケースとして、私の記憶に残っています。

その他にも、数多くの高校や大学で講演を行い、関東大会や全国大会などの大きな大会に出場するという結果が出た例もたくさんありました。しかし、メンタルトレーニングを継続できない学校では、世代が変わるとまた結果の出ないチームへと変わっていくことも現実です。

言葉には不思議な力があります。「言霊《ことだま》」と言われるように、言葉は、人間の細胞60兆個を活性化することもできます。つまり言葉によって、能力を最大限に引き出すこともできるのです。それほど強い影響力を持っています。

自分の能力が引き出せない選手は、「〜しなくてはいけない」という思いで頭も心もいっぱいいっぱいになっているのです。同じことを教えても、能力が出る選手と、出ない選手がいます。その差は、ここから生じているともいえます。

親や監督などの指導者は、子供がまだ小さい場合、注意を払う必要があります。例えば野球ならば、今は野球を好きになろうという思いを子供に持たせてあげることです。子供がスタート地点、原点にいることを忘れないでほしいと思います。

「今の時点では、技術は関係ない。うまくなるためには、野球そのものを楽しむことが大切なのだ」と伝えることが大事です。小学生までは、好きなようにやらせてあげることが何より大切だと実感しています。技術を教えるのは、中学生、高校生になってからでいいのです。

最初から技術を教えようとすると、子供にとって野球は楽しくなくなってしまうのです。

実は私も同じ経験をしています。子供の頃、周りの環境から野球を無理やりやらされていたからです。当時、野球を楽しいと思ったことはありませんでした。大学でも野球部に入っていましたが、4年間レギュラーになったことは一度もありません。幽霊部員みたいなものでした。

ところが、社会人になって軟式野球に転向した頃から、野球が楽しくてしょうがないと思うようになりました。実際、活躍するのもその時点からで、国体や天皇杯など数々の試合にピッチャーとして出場、チーム優勝に貢献しています。

このように、子供でも大人でも、苦しみながら嫌々ながら行うと、なかなか成果が出ないものなのです。

一方で、スポーツでも仕事でも、楽しい、面白いと思って行うと、他人から「頑張っているな、すごいな」というように評価され認められるから、より一層楽しくなるのです。

楽しくないまま、やりたくないのにやらなければいけない葛藤で苦しんでいる時、「自分は結果や評価だけを求めていないか？」と自身に問いかけてみることも、大切ではないでしょうか。

また、心から楽しいと思える時は、多くのことを吸収できます。それは、無意識が楽だからです。学んだことや集めた情報がすっきりと脳の中で処理されているのです。心も頭も開いているから、無意識の領域へとスムーズに入ることができるのです。

ここで例を挙げましょう。

学校の授業で、担当の先生が面白い先生だと、嫌いな教科でも好きになることがあるでしょう。嫌いな先生だと、最初から聞きたくないと思ってしまうから、その教科が好きになりにくいのです。

たとえ、初めはその教科が嫌いでも、先生がユーモアたっぷりで、毎回の授業が楽しくなると、興味も湧きます。先生に認められたいと思うようにもなります。だから、勉強もテストも頑張ろうと思えるのです。

また、そのスポーツを始めた時は楽しくて、周囲にも褒められ認められ続けることが心地良かったとしても、壁にぶち当たった時に、本質的な部分でそのスポーツが好きなのかどうかわからなくなることが多々あります。イップスで悩むタイミングとはそのような時が多いのです。

そのスポーツを始めたきっかけが何であれ、成長するにつれて、認められることの喜びがモチベーションだった状態から変化を迎えます。これからは、自分自身が何を喜びと感じて、どう生きていくか？　このように動機が大きく変わるタイミングに、サインとしてイップス症状が現れるように感じています。

イップスを乗り越えることを成長と考えて、自分自身と向き合い、挑んでいくことが大切なのではないでしょうか。そして、乗り越えられた時は、結果として自然と周囲にも認められているものです。

思考型から直感型へ

あなたは普段買い物をする時、どのような判断で買う物を選んでいますか？
私たちはあらゆる場面において、直感で物事を決めていませんか。例えば結婚相手と初めて出会った時、「ピンとくるものがあった」という言い方をするでしょう。これが直感ですね。直感は、自分の人生上の統計学なのです。

経験がないことは、全部思考から始まります。例えば、バンジージャンプをやったことがない場合。台に立った時の感じ、ジャンプする前、空中に飛び出した瞬間はどんな感覚なのだろうか、すべて想像するしかありません。つまりこれは思考の部分なのです。

一方、経験のあることは経験値となっていて、その時の思いや感じ方、感覚が記憶されており、これが無意識の部分に入っています。あの時、とても冷たく感じた、すごく焦ってしまった……など、意識して思ったことがすべて、無意識の中に入っているのです。

買い物から就職、結婚といった人生の重大な決断にいたるまで、さまざまな場面で使われる直感は、ほとんどの確率で当たると言われています。ぴったり正確とまではいえない場合でも、また、少々方向性が違っていても、直感は何かしら当たるものなのです。

それは経験上で感じているものだからです。直感とは、直に感じるものです。

経験したことは、全て無意識の中に入っています。
スポーツでも、無意識から生まれる「直感」によって、超ハイレベルなプレーが実現できますよ！

例えば職場や家庭内で、同僚あるいは家族の一人が笑顔を見せながら、何となくぎこちない、いつもと違う、そんな雰囲気を感じとった時、それは直感が働いているのです。

その時に、「どうしたのかな、何かあったのかな」と頭で考える、思考が働いているのです。その後に行動が出ます。実際にその人に向かって、「いつもと違うように見えるけど、どうしたの？」と尋ねてみたりすることが行動です。

直感は、その前の部分です。「何か辛そうだな、いつもと違うようだな」と感じることなのです。

スポーツの世界では、この直感がとても大事です。野球のキャッチャーは、フルに直感を使っています。打者の表情や足などの身体の動きを全て見ながら、自分の直感と照らし合わせて判断し、サインを出します。これも実は無意識にやっていることなのです。

直感を働かせることと似たものとして、「山をはる」ことがあります。でも、これは感じるものではなく、思考の部分です。山をはることで当たる確率は、直感に比べたら低いでしょう。そこから確率を高めるためには、直感を働かせていくことが必要です。

スポーツに限らず、私たちが生きていく上で直感を高めること、引き出すことはとても大事です。とっさの判断で物事を決めることが必要な時、考える間もなく、瞬時に手が出る、足が出る、これは全て直感のなせる技なのです。

例えば野球の守備でボールをキャッチする時、グローブを上向きで捕るか下向きで捕るかの判断は、瞬時に直感で行います。

それでは、どうやってこの直感を高めることができるのでしょうか。次項でご説明していきましょう。

自分の体と対話する

自分を知らないと、相手のことを理解するのは難しいとよく言われます。また、相手を変えることはできないけれど、自分を変えることはできるとも言われます。直感を高めるためには、自分の体と対話をすることが大切です。それは一体どういうことなのでしょうか。

自分はどのように投げれば良いのか、それは自然と体が覚えていることです。一方で、自分が投げたいイメージがあります。体が覚えているフォームと、投げたいイメージがバラバラになる、これがイップスです。

そのような場合は、無理な体の動かし方によってケガをする可能性も高くなってしまいます。

イップスを乗り越え、体が覚えているフォームと投げたいイメージが少しずつ合ってくるようになると、体は自然な動きを取り戻すようになります。頭で考える癖があり、イメージする力が強すぎると、体はどう動かしていいかわからなくなります。どう動いているかもわからないのです。

こういった時こそ、自分のイメージを解放して、体との対話をしてみることです。

「今、自分はどう動きたいの？　どのように体を動かしたいの？」

こういったことを体に相談してみるのです。

イップスになった時は、頭で考えたイ

頭で考え込まず、素直に「自分の体」に聞いてみよう！

メージが強すぎて、体をどのように動かしていいかがすっかりわからなくなってしまった状態です。これは、直感も全く働かなくなってしまっている状態です。思いばかりが先行し、思考が強くなってしまっているのです。

一方で、体は自然に、楽に動きたいと思っています。けれども、実際は「カッコよく投げたい」「あの選手のように打ちたい」と勝手にイメージを作り上げてしまいます。そこに大きなギャップ、不具合が出てくるのです。

だからこそ、自分の体と対話する必要があるのです。それをせずに自分の思い、イメージだけに固執すると、マイナス面が様々なところに出てきます。例えば、無理に体を開いたり余計な力を入れることによって、筋肉を痛めたり靭帯に負荷がかかり、その結果、故障に繋がってしまいます。

年齢が高くなるにつれて、若い時と同じように動こうとしても難しくなるでしょう。また、若い人と同じ動きをしようとしても、それは無理なことです。

しかし、今の年齢でどのように動けばいいか、ということはわかるのです。それは、「今自分の能力はどのぐらいか、体力はどの程度あるのか、今どこが疲れているのか」

ということを体と対話していくのです。その結果、ケガも避けられるのです。

それでは実際どのようにするのでしょう。

例えば野球のピッチャーなら、体と対話して「これ以上投げたらまずい」と思った時は、本当に投げるのをやめることです。人間は、「これ以上投げたら、肩を痛めそうだ」というサインが必ずあるはずなのです。これはまさに感覚、フィーリングです。この感覚を感じられるかどうかが大切なのです。

プロ野球のピッチャーの中には、1球か2球を投げただけでマウンドを降りる人もいます。「何か違和感を感じた。このまま投げたら、一生をパーにしてしまうかもしれない」とプロの判断ができます。ここでやめる勇気が必要なのです。これが自分の体と向き合うことなのです。「何かこのまま続けたらまずいな」と感じるのは直感です。体のサイン、心のサインを感じ取れるようになることが最重要です。そのサインを受け容れることも勇気です。

しかし、アマチュアの選手にはなかなかこうした行為ができません。なぜなら、せっかくつかんだレギュラーの座を失いたくないからです。他の選手に取られるかもしれないという恐怖があります。

体のサインを感じたら、様子を見るために2、3日は体を休めてみて、また調子が良くなったらプレーに戻ればいいのです。しかし、そういった心の余裕すらない場合があります。

心の余裕は、無意識の部分でもあります。意識は、こうしたい、ああしたいと思い考えることだから、余裕などないのです。でも、無意識の部分は、頭、心、気持ちの余裕であり、その余裕を作ることが大事です。余裕さえあれば、考えることもできるし、直感も働きやすくなります。つまり、余裕が直感に繋がってくるのです。

この恐れや余裕のなさによって我慢が生じます。そこで、我慢がさまざまな症状を引き起こすことになるのです。そしてまた、我慢することが習慣化して心身に余裕のない状態から抜け出せず、体との対話ができないという悪循環になってしまうのです。

自分に合ったトレーニングの仕方を知る

体を鍛えるには、自分の体に合ったトレーニングをすることが何より大事です。

しかし、自分の体に合ったトレーニングがまだよくわからないという人も多いでしょう。その場合の「何か具体的な方法はありますか？」という質問に対しての私の答えは、「まず、インナーマッスルを鍛えよう」となります。

通常、アウターマッスルばかり鍛えようとするから、無理に力を入れた動きになってしまうのです。自分の体との対話は自分の体を知ることなのです。そして、ただやみくもに筋トレをするのではなく、自分の体に合ったトレーニングが必要になってくるのです。

また、時には休むことも重要です。ゆっくり休息・休養をとることで、次のパフォーマンスに繋がるのです。

プロスポーツ選手など、ステージが高くなればなるほどレベルアップしなければならないのは、トレーニングや技術よりも、むしろ休養の取り方、休養の内容だといわれます。

持てるパフォーマンスを最大限に引き出せるように、身も心も頭の状態もすっきりさせられる休みの取り方を工夫したいものです。ここぞという場面で集中できるかどうか、想定外のアクシデントが起きても冷静に考えられるかどうかは、いかに上手に頭を休めているかにかかっています。

「どうしよう……」と思っている状態は、物事を建設的に考えている状態ではありません。どうしたいのかがわからず、不安で悩んでいる状態なのです。

しかし、必ずしも不安になってはいけないわけではありません。どうしたいのかがわからず不安にかられても、まずその状態をしっかり受け容れることが大切です。

そうすれば、どんな時も積極的に建設的に考えられるようになります。パフォーマンスを最大限に引き出すためには、楽観的になれる余裕が大切なのではないでしょうか。

気・エネルギーについて

実際のカウンセリングの場面では、クライアントの言葉がネガティブなものばかりということがあります。「～しなくてはいけない」の連発では、プラス思考が全く出てきません。そのため、その場の空気やカウンセラー側への影響を考え、邪気をブロックする必要があります。

また、気やエネルギーは、あるところからないところに流れ出てしまうことがあるため、時には、吸い取られることもあります。そして、眠くなったり、脱力や頭痛が起こるのです。逆に、エネルギーのある人と話すと元気になります。エネルギーは人からもらえるのです。

以前私は、スポーツ催眠を施している最中、クライアントに気を吸い取られて倒れてしまったことがあります。それをきっかけに工夫を重ね、ネガティブな邪気をブロックするコツをつかみました。それは、セッション中に観葉植物に触ることです。そうするとたまに、朝元気だった観葉植物が夕方にしおれていることがあります。自分がもらった邪気を回し、植物に受けてもらうのです。イメージを使って人間と植物の間で気を回すことで、気が出入りしているのです。

もちろん、観葉植物は一時的にしおれても、再び元気になるので心配する必要はありません。これは植物が持つ自然治癒力です。もちろん、同じ生き物である人間にもこの力はあります。

それでは、自然治癒力を活性化させるにはどうしたらよいのでしょうか？

それは、「自然治癒力」という言葉が示す通り、「自然」な状態であればその力が働くのです。つまり、自身の不自然な所を探り、自然な状態に戻すことが大切です。これが能力の開花に繋がると私は思うのです。

例えば、身体に不自然な力が入っていると、筋肉はこわばり硬くなります。力が入って縮む筋肉は凝りや張りが出やすく、また、不自然に伸びてしまった筋肉は弱いため、傷めやすくなってしまいます。

変にアウターマッスルへ力が入れば、血管や内臓を圧迫します。そして酸素や血流が滞り、胃腸などの内臓は働きが鈍くなっていきます。不自然な力が加わると不自然な状態を生み、パフォーマンスそのものも硬くなり、本来の力が発揮できなくなっていきます。

このような無駄な力を抜いてリラックスすれば、自律神経のバランスを整え、不自然だった状態を自然な状態にどんどん戻します。自然な状態こそ、人が本能的に備えている自然治癒力や自己回復力を活性化していくのです。

つまり、不自然なガチガチ状態よりも、

余計な力を全て抜くと、本能的な自然のパワーがどんどん湧いてくる！

本来持っている力を遥かに引き出しやすい状態になっていくのです。

話は戻りますが、邪気をブロックするために私が実践している方法が、もう一つあります。それは、週に3回サウナに行くことです。サウナと水風呂の繰り返しで、邪気抜きをします。これは、新陳代謝を高めて溜まっているものを排出するという方法です。

昔、スポーツの世界では、試合前に入浴すると身体に力が入らなくなるので良くないといわれていました。しかし現在は、イチロー選手などもそうですが、試合前に入浴する選手が多いようです。体が温まることで体がよく動くようになるというのです。

さらに入浴は心身をリラックスさせ、自然治癒力を高めるためにも有効と考えられます。

それぞれ、自分に合ったコンディショニング調整の方法を見つけることも重要です。

一流選手たりえる決定的な特徴

一流の選手、仕事ができる人というのは、その多くが、「自分が今、何をすべきか」をよく理解しています。それを頭で考えているだけではなく、心から納得できているのです。トレーニングを行う、睡眠を取る、ケアのためのマッサージを受ける、などなど。

したがって、遊ぶ時間がないというよりは、そもそも遊びたいと思うことが少ないという傾向があります。一方で、頻繁に遊んでいるはずなのに、「まだ遊びたい」「全然遊んでない」と言っている選手がいます。そして、自分が何をしていいのかわからないのです。

これが一流の選手との大きな違いとなって現れます。

また、多くの人は、上司や監督から何か説明を受けて「わかりましたか？」と聞かれると、「わかりました」と答えます。しかし実際のところは、わかっているのではなく、言われたことを「知った」というだけのことです。

だから、再び同じミスを繰り返すのです。例えば、エラーやケガなどです。同じミスをする人は、自己管理が悪いから、と見られてしまいます。

ところが、一流の選手で、ものごとをしっかり理解できる人は、説明を受けて「腑に落ちる」のです。だから同じミスはしません。そして「ケアしよう」「練習しよう」といったポジティブな言葉が出てくるのです。

実は、「知っている」ことと「心から理解できる」ことは大きな違いがあり、それが実力や成果の差となって現れるのです。

「わかっちゃいるけどやめられない」と、よく耳にします。これらは、まさしく、頭（1割の意識）ではわかっているけど、９割の無意識に何らかの理由があって、拒否していたり、それどころではないといった状況から起こるものと考えられます。自分自身を見つめ、無意識の心と向き合うことが改善へと繋がります。

第6章

イップス先生に聞く！　Q＆A

【Q1】自分がイップスなのかどうか、見極められる方法はありますか？

今までできていたことが、ある日突然できなくなり、どうにも修正がきかなくなった時は、イップス症状の可能性があります。

野球のピッチャーなら、急にコントロールが定まらなくなったということでわかると思います。それまではスムーズに投げられていたのに、しっくりこなくなったと感じます。暴投が多くなるケースもあります。力任せに投げるので、ワンバウンドが多くなります。

野球選手がよく言うのは、タイミングの問題です。投げるタイミングがわからなくなるというのです。これにプラスして、自分の体のバランスとフィーリングの問題がありばす。これらが一つでも欠損すると、ボールが投げづらくなります。そうすると、スランプになってしまうのです。

日頃の練習中に、自分が投げている感覚をよく感じることが大事です。

【Ｑ2】イップスの克服方法はありますか？また、イップスのタイプによって克服方法は違いますか？

イップスの克服方法はいくつかあり、どんなタイプのイップスかによって、メンタルな部分、体の使い方の部分、技術の部分の比重が変わってきます。イップスになった原因が異なるように、乗り越え方もそれぞれ違います。

無意識がいっぱいいっぱいになった人は、スポーツ催眠でそれを緩めていきます。意識したものを入れる状態を作ってあげると、自然に動けるようになります。

また、身体動作のタイミング、バランス、フィーリング、全てがずれて癖になってしまっているケースもあります。

他に、頑固な性格からイップスになる人もいます。頑固というのは、人の意見が受け容れられない、固定観念が強い状態をいいます。人のアドバイスに対して、口先では「そうですね」と言ったとしても、やろうとしません。

頑固な人は自分の世界を作っているから、他人の意見を受け容れられないのです。

受け容れられないと、乗り越え方も出てきません。

自分は頑固な性格なのか？　受け容れられない理由は何なのか？　まずは自分を知ることが大事です。今の自分を知らないと、この先どうしたいかもわからないし、他者のこともわかりません。

また、向上心が強すぎてイップスになるタイプは、一流選手に見られます。

例えば野球の場合、一軍と二軍の待遇面の格差はとても大きいものです。それを選手はひしひしと感じます。向上心が強くて、這い上がりたい、強くなりたいという気持ちが「～しなくてはいけない」になりやすいのです。そういう人たちもイップスにな

☆無意識の領域を解放する！
☆身体動作と身体感覚を一致させる！
☆他人の意見に耳を傾け、受け容れる！
☆自分を知り、イップスを受け容れる！
☆考え方を「～しなければいけない」から「～しよう」に変える！

イップスの克服方法を、まとめておきましょう！

る可能性が高くなります。

【Ｑ３】イップスを克服する方法として、なぜ目の動きが大切なのですか？　また、他にどんな克服方法がありますか？

体は、目の動きで主導して動きます。

目の動きは、関節、筋肉、体の使い方に影響します。目の動きと体の動きのバランスが悪いと、イップスになってしまいます。目の動きに沿った形で体の動きを作るのが良いとされています。

また、緊張している状態では、呼吸を止めていることがあります。どのような状態で吸って吐いているか、呼吸法を知ることも必要です。

そして、自分の体の弱い部分を知りましょう。フォームを見るとわかります。例えば、内転筋、体幹部分、上腕部分などです。そこを少しずつ鍛えていくことです。

内転筋が弱いと、下半身がぶれます。地震に対する建造物と同じです。建造物は、揺れると上部に力を逃がします。下部が動くと、上部はさらに動く。下部が少し揺れただけで、上部はもっと揺れるようになります。

つまり、下半身がぶれると、目の動きはその数倍ぶれるようになります。目の情報が入ってきても、ずれるからコントロールが悪くなるのです。

【Q4】イップス克服のために有効な、日常の心がけはありますか？

無意識を楽にできる、自分なりのセルフコントロール方法を考えましょう。

それは、自分が心からリラックスできる方法を選びます。例えば、趣味などでウキウキ、ワクワクすることはとても良いでしょう。スポーツなら、気持ちよく汗を流し、解放感を味わうことがポイントです。やった後に嫌な気持ちが残った時は、解放されていない証拠です。

また、睡眠の取り方も重要なため、自分に合ったリラックス方法を会得して、熟睡できるようにしましょう。

さらに呼吸法も有効です。普段から腹式呼吸によってゆったりと深い呼吸を心がけましょう。

そして食生活での心がけも大切なことです。まず、しっかりとよく噛んで食べることが基本です。一般的にスポーツ選手は食べるのが早いのですが、しっかりと消化できないのでは問題です。

噛むことは、食べ物の消化を助けるだけでなく、心の面から見ても意味があります。他者に言われたことも、自分の考えもよく噛みしめられるようになるのです。しっかりと噛みしめながら物事を理解していくと、それらは全部繋がっていることがわかります。

ちなみに、野手でボールを捕るのがうまい選手は、他人からの意見を受け容れるのが上手です。ボールをうまく投げられる選手は、自分の意見を上手に表現できます。

体の動きと心の動きは同じように考えられます。

【Q5】潜在能力を出せる時は、どんな時でしょうか？

十分にリラックスしている時です。

または、究極まで追い込まれた時や追い込んだ時に、苦しんで苦しんで、ポンと出ます。火事場のバカ力です。練習で限界までやってみることです。

9割を占める潜在的な無意識を出す時は、1割の意識を手放すようにします。意識がどこかで働いてしまうとそれが邪魔してしまい、無になれなくなるのです。

第7章

イップスを乗り越えた選手の声

❶ 阪神タイガース 外野手 一二三慎太

阪神タイガースの一二三慎太《ひふみしんた》です。河野先生、いや、イップス先生にはお世話になりました。

私は投手だった高校時代にイップスを体験しました。当時は、「自分で何とかしなくてはいけない」と思って、無意識にネガティブな言葉を使っていました。このような観念からイップスという症状を受け容れることができなかったのでしょう。

そのような状態でも、何とかオーバースローからサイドスローに転向することによって、甲子園で準優勝できました。

しかしその後、プロの世界に入ってからも、いまいちコントロールが定まらず、少しずつうつ状態にまでなってしまいました。それも今は良い経験として受け容れています。

その頃、イップス研究所の門を叩き、イップス先生に出会いました。1年半、イップス克服トレーニング、無意識を楽にするスポーツ催眠、メンタルトレーニングを定期的に行うことで、ものの観方、考え方、受け取り方も自然と変わりました。

そして、肩の故障を機に投手から野手に転向しました。

現在は、無意識のメンタルトレーニングによって、リラックスしながら練習や試合に臨むことができています。

イップス研究所では毎回、野球を行う上での興味深いお話や、能力を引き出すためのトレーニング方法等を伺え、非常に有意義な時間でした。特に、野球界では教えてもらったことのない目の使い方や、普段の生活態度や無意識行動などは、目からウロコでした。

そして一番びっくりすることは、イップス先生が今でも時速130キロ近いボールを軽く投げ、しかもコントロールがいいことです。また、バックステップして投げた遠投が80メートルにも達したことが脳裏に焼き付いています。普通のおじさんではなく、まさにスーパーおじさん、スーパーイップス先生だと思います。

今こうして野手として阪神タイガースでお世話になり、フレッシュオールスターにも選ばれる選手になれました。残念ながらケガでフレッシュオールスターゲームには出場できませんでしたが、順調に回復しています。イップス先生がいつも「ケガにも意味がある」と言われていることを今改めて実感しています。

そしてイップスは決して悲劇ではなく、自分の心と体へのサインということも理解できるようになりました。

まずは焦らずにケガを治し、1軍で活躍できるように自分と向き合い、体と向き合い頑張っていきます。

私は今もイップス克服トレーニングをやっています。自分の経験を生かして、これからはイップスで悩んでいる選手が一人でも多く克服できるように応援したいと思っています。

❷ 慶応義塾大学野球部 投手　明大貴

慶応義塾大学野球部の明大貴《みょうだいき》です。

僕は最近になって「幸せ」の価値観が変わりました。それは小学校2年生から続けてきた野球を初めて辞めたいと思ったことに関わります。

まず大学野球のスタートは4か月間の休部から始まりました。その理由は、高校2年の秋から肩の故障でずっと痛みと付き合ってきて、完治していざ投げようとしてもストライクが投げられない一種のスランプに悩まされていたからです。

「ボールを投げられない選手がなぜ野球をやってるのだろう。野球をやっていて将来何の役に立つのだろう。それならば、社会に出てからもっと役立つ資格や語学、一般常識を学んだほうが絶対いいだろう」と葛藤しました。まさに人生の岐路に立ったのです。

僕は小さい頃から「できなかったら努力しろ、勉強しろ」という厳しい環境、文武両道を教えとする家庭に育ててもらいました。そして「幸せは努力してつかむものだ。幸せは自分に今足りないものを探して手に入れることだ」とインプットして生きてきました。

そのかいもあって、小学校、中学校と野球では全国大会に出場し、学業でもそれなりの結果を残すことができました。そして慶應義塾の門を叩き、高校でも甲子園や明治神宮大会という舞台に立てました。この教えは間違っていなかったと思います。

しかし大学に入った時、ふと「学生時代を野球だけに費やしていいのか。サークルや勉強、今まで野球をやっていてできなかったことに精を出すのもいいのではないか」と思ったのです。そして、「将来を考えた時、今必要なのは勉強だ。留学して語学力を磨いて就職に生かすのが『幸せ』だ」と思い、野球部を飛び出しました。

その時はたくさんの人に相談に乗ってもらい、親や指導者の方と喧嘩にもなりました。

ただ、ずっと野球をやってきたので、野球を辞めることには本当に勇気が要りました。そんな時、親に「やる気がないなら野球を辞めていいよ。そんな気持ちでやっても伸びないし、勉強やりたいなら応援するから。そういう育て方をしたのは私たちだから」と、大学野球をやることに一番喜んで一番応援してくれていた両親に言ってもらいました。

その時、なぜか今まで張りつめていた力が抜けて、「何でこんなに反抗してるのだろう」と思い、ただ単に野球から逃げてるだけなのではないかと考えました。大学野球から先は社会人、プロと、選ばれた人間しか行けません。こうやって投げることに怖がっていられるのも学生のうちだけかもしれません。

こうして伝統ある野球部でプレーでき、仲間に恵まれていることが今の僕の「幸せ」だと気づくことができました。つまり、すでに恵まれているもの、すでに与えられている環境に感謝して生きることが本当の「幸せ」なのだと気づいたのです。

留学を目指している人は周りに何人もいます。そういう人は、僕よりはるかにそれに向けた環境で過ごしてきたし、勉強が好きな人たちです。だから、僕は大好きな野球を辞めなくて本当に良かったと思っています。

そのように価値観が変わるきっかけを作っていただいたのは、イップス研究所の河野先生です。

スランプの時はストライクが入らず、スピードも出ないまま時間が過ぎていきました。そこでイップス研究所の門を叩くことにしたのです。

そして、もっと投げやすくする、腕を振れるようにする、など技術面を一からやり直しました。基本から投球フォーム、目の使い方等、自分の体に合った動作を目指し、河野先生と一緒になって取り組みました。

さらに、イップス克服トレーニング、無意識を楽にするスポーツ催眠、メンタルトレーニングを行っていくうちに、野球が、ピッチングが心から好きになっていることに気づいたのです。


それから野球部に戻り、少しずつ投げさせていただけるようになりました。現在は本来の自分のフォームができ上がり、抑えでの登板ですが、マックス１４８キロの球速を武器に勝利を重ねています。目先の目標を大事にしつつ卒業するまでに7勝を目指して、自分の心と体と向き合ってトレーニングしていきます。

そして何よりも、今の環境に感謝して、「あの4か月は無駄じゃなかった」と自信を持って言える野球生活にしようと思います。

最後に、迷惑をかけた仲間、相談に乗っていただいた方々、そして河野先生、ありがとうございます。

他にも、著者と一緒にイップス克服トレーニングを行い、イップスを受け容れ、乗り越えて、現在活躍しているプロ野球選手がたくさんいます。

・千葉ロッテマリーンズ内野手
・西武ライオンズ投手、外野手
・オリックスバファローズ外野手
・中日ドラゴンズ内野手
・福岡ソフトバンクホークス10名
……他、多数

おわりに

イップスは決して悲劇でも悪いことでもありません。「ものの観方、考え方、受け取り方が自分と合ってないですよ」「そのフォームは自分に合ってないですよ」ということを教えてくれるサインなのです。

私は３０００例以上のイップス症状、ジストニア症状をケアしてきました。しかし、本来の動きを取り戻すことはできても、その詳細なメカニズムまではいまだに解明できないケースがあります。

例えば、イップス克服トレーニング10項目の一つに、３メートルの距離で正面に向き合って徐々に離れてキャッチボールするトレーニングがあります。そうすると、だんだん右へ右へとずれていく選手がいるのです。傍から見るとびっくりする位、立ち位置がずれていくのですが、本人はこれが正面という認識で行っています。

おそらく、染みついた体の感覚と脳の感覚のずれが原因だと感じていますが、いまだに解明していません。

　また、ネットに向けて投げるネットスローはできても、対人のキャッチボールでは急に投げられなくなる選手もたくさんいます。そして、一時的に投げられるようになっても、何日かするとまた投げられなくなったり、もっと悪化することも珍しくありません。

　このような症状は、脳の1割にしか満たない意識的な技術トレーニングではどうしようもないことがあるのは現実です。無意識領域のケアを行って、受け容れ状態を整理してから、自分の体に合ったトレーニングや技術を習得し、はじめて克服できるのです。


　イップスは本人にしかわからない部分があります。そして、イップスになった原因や症状も一人一人違い、受け容れ方や乗り越え方もすべて個々で異なってきます。その選手の生い立ち、環境、技術、心の状態等を把握した上でケアする必要があります。

　このような背景から、選手をはじめ指導者や施術者にもっと広くイップスを理解していただくために、昨年、日本イップス協会を立ち上げました。

まだイップスは世間での認知度が低いのですが、必ず将来はイップスという言葉が頻繁に使われるようになると思います。

イップスで悩まれている選手の皆さん、あきらめないでください。必ず乗り越えて克服できますので、まずイップスを受け容れてください。

イップス研究所所長　河野昭典

著者◎河野昭典　Akinori Kono

通称「イップス先生」。イップス研究所所長、日本イップス協会会長。22年間、MR（医薬情報担当者）として精神科、心療内科分野に携わり、心に起因する身体症状を研究。2011年から2013年まで、福岡ソフトバンクホークスメンタルアドバイザーとして活躍。現在も多くのプロ野球選手、高校、大学、社会人野球のイップス克服トレーニングを務める。また自らも選手、監督、コーチ、メンタルトレーニングコーチとして3つの野球チームに所属（社会人軟式野球神奈川県大会優勝投手など）。

◎イップス研究所　http://yips.jp/

イラスト●湯沢としひと
装丁デザイン●中野岳人
編集協力●横山真子
本文デザイン・編集●MG-A

メンタルによる運動障害「イップス」かもしれないと思ったら、まず読む本

心のしくみを知って克服し、さらに大きく飛躍できる!

2015年1月10日　初版第1刷発行
2019年2月10日　初版第3刷発行

著　者　河野昭典
発行者　東口敏郎
発行所　株式会社BABジャパン
〒151-0073 東京都渋谷区笹塚1-30-11 中村ビル
TEL　03-3469-0135　FAX　03-3469-0162
URL　http://www.bab.co.jp/
E-mail　shop@bab.co.jp
郵便振替 00140-7-116767
印刷・製本　株式会社シナノ

ISBN978-4-86220-883-5 C2077

BOOK Collection

スポーツジャーナリスト・義田貴士の挑戦に学べ!

メンタルトレーナーをめざす人がはじめに読む本

一般社団法人 日本メンタルトレーナー協会推薦！ 限界を超えた能力を出すカギはメンタルにあり!! 自分も相手も才能をすべて発揮し、人生の充実感と成功を手に入れる！楽しいマンガで、義田貴士がメンタルトレーナーになるまでの軌跡を追いながら、メンタルトレーニングの基本から実践までしっかり学べる 1 冊。

●浮世満理子 著　●四六判　●256頁　●本体1,400円+税

世界のトップアスリートも認めた、究極の身体回復・向上トリートメント

PNF スポーツオイルマッサージ

クライアントの動きを引き出す運動療法も含んだ Tsuji 式 PNF テクニックと、適度な安静状態で心地よくアプローチするスポーツオイルマッサージが融合。極限の場面で磨き抜かれた技術だから、一般の人のケアにも絶大な効果!スポーツマッサージの専門家だけでなく、ボディケアに関わる全ての方へオススメです。

●辻亮，田中代志美 著　●A5判　●252頁　●本体1,600円+税

ヨガ×武道　究極のメンタルをつくる!

自己と向き合い、他者と向き合う。ヨガと武道でメンタルは完成する!メンタル･トレーニングの世界に一石を投じる、新たなココロの変革書!武道人へのヨガのススメ。ヨガ人への武道のススメ。心を真に強くする、絶妙なる組合わせ!武道もヨガも、単なるフィジカル・トレーニングにあらず!古来から、強烈なメンタル・トレーニングとしての側面をもっていた両者が出会う時、何をやってもうまくいかなかった「心の強化」がついに実現する!

●小沢隆、辻良史 著　●四六判　●180頁　●本体1,400円+税

感じてわかる！セラピストのための解剖生理

「カラダの見かた、読みかた、触りかた」 カラダという、不思議と未知が溢れた世界。 本書はそんな世界を旅するための、サポート役であり、方位磁石です。そして、旅をするのは、あなた自身！　自らのカラダを動かしたり、触ったりしながら、未知なるカラダワンダーランドを探求していきましょう！　セラピスト、エステティシャンなど様々なボディワーカーに大人気のセミナー講師の体感型解剖生理学入門。

●野見山文宏 著／野見山雅江 イラスト ●四六判　●180頁　●本体1,500円+税

～トラウマ克服の心理療法～

ブレインスポッティング・スポーツワーク

リンパドレナージュは、 医学や解剖生理の裏付けがある科学的なメソッドです。正しい知識を持って行ってこそ安全に高い効果を発揮できます。本書は、セラピストが施術の際に活かせるように、リンパのしくみを分かりやすく紹介。ふんだんなイラストともに、新しいリンパシステムの理論と基本手技を解説しています。

●アラン・ゴールドバーグ、デビッド・グランド 著／久保隆司 訳
●A5判　●224頁　●本体1,600円+税